中等职业教育
改革创新
系 列 教 材

F I N A N C I A L A C C O U N T I N G

电子票据技术应用

王新惠 王韬

主编

**厦门网中网软件
有限公司**

组编

人民邮电出版社
北 京

图书在版编目（CIP）数据

电子票据技术应用 / 王新惠，王韬主编. -- 北京：
人民邮电出版社，2024.5
中等职业教育改革创新系列教材
ISBN 978-7-115-63794-9

Ⅰ. ①电… Ⅱ. ①王… ②王… Ⅲ. ①电子技术—应
用—票据—中等专业学校—教材 Ⅳ. ①F830.46

中国国家版本馆CIP数据核字(2024)第038576号

内 容 提 要

电子票据技术应用是中等职业学校、技师院校财经类专业新设课程，旨在帮助学生了解票据法规基础知识，掌握经济业务票据识别、电子发票开具、电子票据处理、票据影像化处理的技能。

本书以综合职业能力培养为目标，基于企业真实工作场景，以典型工作任务为载体，设置电子票据认知，发票业务，银行业务，票据的整理与录入，票据扫描、智能识别与智能记账 5 个项目，配套详细的操作步骤和同步练习、同步实训，致力于提升学生的通用能力和职业素养。

本书知识体系完整，内容丰富实用，适合作为中等职业学校和技师院校的教材，也适合希望了解电子票据技术应用的相关人员学习参考。

◆ 主　　编　王新惠　王　韬
　　责任编辑　崔　伟
　　责任印制　王　郁　彭志环

◆ 人民邮电出版社出版发行　　北京市丰台区成寿寺路 11 号
　　邮编　100164　电子邮件　315@ptpress.com.cn
　　网址　https://www.ptpress.com.cn
　　北京隆昌伟业印刷有限公司印刷

◆ 开本：787×1092　1/16
　　印张：8.75　　　　　　　　　　2024 年 5 月第 1 版
　　字数：142 千字　　　　　　　　2024 年 5 月北京第 1 次印刷

定价：36.00 元

读者服务热线：(010)81055256　印装质量热线：(010)81055316
反盗版热线：(010)81055315
广告经营许可证：京东市监广登字 20170147 号

FOREWORD

///////////////// 前　言 /////////////////

党的二十大报告提出："加快发展数字经济，促进数字经济和实体经济深度融合，打造具有国际竞争力的数字产业集群。"随着信息化和数字化技术的快速发展，全面数字化的电子发票正逐渐取代传统的纸质发票。电子票据技术应用成为中等职业学校和技师院校财经类专业的必修课程。

本书以电子票据技术的应用场景为出发点，以实际工作内容为任务案例，从认识电子票据、开具电子票据、办理银行业务到整理和录入票据、扫描和智能识别票据，以及智能记账等逐步引导学生掌握电子票据技术，体现"以能力为本位"的教学理念，实现工学一体、理实一体，帮助学生更好地掌握专业知识和专业技能。

本书具有以下特点。

一是紧跟时代发展：展现行业新业态、新水平、新技术，培养学生的综合职业素养，从而实现"企业岗位技能需求"与"学校课程教学设计"的有效对接与融合。

二是工作过程导向：以国家课程标准为依据，以综合职业能力培养为目标，以典型工作任务为载体，以学生为中心，以能力为本位，将理论学习与实践应用相结合。

三是体现知识传授与价值引领融合：通过构建全员、全过程、全方位育人的"三全育人"格局，将专业知识传授与职业素质培养融合，落实立德树人根本任务。

四是内容体系完整：项目中的任务实施模块提供相关的操作步骤和操作视频，辅以操作截图，清晰易懂，并配套同步练习、同步实训及考核评价，帮助学生深刻理解本书的重点和难点，掌握相应的知识点和技能点。

本书对标岗位为一般企业（工业、商业、服务业）财务岗位。学生通过课程学习及实训，经过1～2个月的岗位实践，可以胜任出纳、税务会计等票据相关管理工作。

本书由淄博市技师学院王新惠、王韬担任主编，淄博市技师学院张维维、李莹、聂娜、邱杉参与编写，厦门网中网软件有限公司徐建宁、陈艺茹、刘华英提供技术支持。具体分工如下：王韬编写项目一，王新惠编写项目二，李莹编写项目三，聂娜、邱杉编写项目四，张维维编写项目五，李莹负责全书会计票据的编制，王新惠负责统稿工作。

限于编者的水平，书中难免会有疏漏之处，敬请读者批评指正。

编者

2024 年 2 月

CONTENTS

////////////////////// 目 录 //////////////////////

项目一
电子票据认知

 学习目标

知识目标

1. 了解电子票据的发展历程、票据岗位人员的工作职责及职业道德。

2. 掌握发票、支票、本票等不同种类票据的应用范围及填制要求。

技能目标

1. 能够准确填写各种纸质票据。

2. 能够准确开具电子票据。

素养目标

1. 培养企业管理能力。

2. 培养团结协作、沟通交流的职业能力。

3. 树立一丝不苟、严谨认真的工作态度。

职场情境

　　山东星河有限公司是一家小家电销售企业，经济往来业务较为丰富，公司票据岗位人员需要在上级管理者领导和监督下，完成对供给商发票的接收、扫描、录入、认证、保管等一系列工作，构建和完善供给商发票管理体系。这就要求票据岗位人员必须熟悉会计、票据等相关法律法规，了解票据业务的操作规程，能够独立判别票据真伪，具备良好的沟通能力、数据处理能力和预判能力。

　　随着经济的发展和技术的进步，电子票据的使用逐渐增多，已有逐步代替纸质票据的趋势，因此票据岗位人员也需要与时俱进、不断学习，提升个人的职业素养。

任务一　初识电子票据

一、电子票据的概念

　　电子票据，也叫电子商业票据，指的是单位从外部接收的电子形式的有价证券和各类会计凭证。电子票据借鉴纸质票据的支付、使用、结算和融资等功能，利用数字网络将钱款从一个账户转移到另一个账户，利用电子介质代替纸张进行资金的传输和储存。电子票据依靠网络和计算机技术将传统纸质票据的多种要素信息转化为电子信息进行传输，以数据电文的形式实施票据行为，实现账户资金转移的信息传输和储存。总的来说，电子票据就是纸质票据的电子化形式，可以像纸质票据一样进行转让、贴现、质押、托收等，与纸质票据具有相同的法律效力。电子发票、电子客票、电子行程单等就是我们日常生活中常见的电子票据。

小资料

电子发票的产生与发展

　　电子发票是信息时代的产物，在我国经历了 3 个发展阶段。

1. 局部试点阶段（2013—2015 年）

这里所说的试点主要指较为发达地区的重点城市，尝试将区域性电子发票系统与电子商务交易平台对接，建立监控电子商务交易的电子发票系统。这一阶段的局部试点工作，为后续电子发票在全国推广奠定了基础。

2. 广泛推广阶段（2016—2017 年）

电子发票在全国推广，但不同电子发票第三方服务平台尚未打通。微信凭借强大的 C 端（消费者、个人用户端）流量优势，整合不同电子发票服务平台，打破了平台之间的藩篱。至此，掌握大量 C 端用户的互联网企业成为电子发票行业的重要角色。2016 年 3 月 31 日，微信在北京发布了电子发票解决方案。大账房成为其首批合作伙伴，是第一款接入微信的电子发票报销应用商。

3. 全面覆盖阶段（2018 年至今）

从国家税务总局出台相关政策大力推动"互联网+税务"改革，到各大行业积极响应推广电子发票应用，可以预见一个全新的电子发票时代已经来临。未来电子发票将进一步推广和普及，电子发票的使用不会局限在大型企业，中小企业的电子发票应用与研究也将进一步深化，切实解决中小企业在过渡期的困难。

电子发票大事记如表 1-1-1 所示。

表 1-1-1　电子发票大事记

时间	事件
2011 年 6 月	中国物流与采购联合会发布《中国电子发票蓝皮书》，迈出了我国推广使用电子发票第一步
2012 年 2 月	国家发改委等八部委联合发布《关于促进电子商务健康快速发展有关工作的通知》，指出要开展电子发票试点
2012 年 5 月	国家发改委发布《关于组织开展国家电子商务示范城市电子商务试点专项的通知》，重庆、杭州、青岛、深圳、南京 5 个城市获得国家发改委政策类试点立项，开展电子发票试点
2013 年 5 月	电子发票项目在北京启动，由京东作为电子发票项目的试点单位
2013 年 9 月	苏宁易购在南京正式上线电子发票系统

续表

时间	事件
2014 年 6 月	北京市国税局成功接收国内第一张以电子化方式入账的电子发票
2015 年 2 月	我国内地金融保险业首张电子发票由中国人寿保险公司开出
2015 年 11 月	国家税务总局发布《关于推行通过增值税电子发票系统开具的增值税电子普通发票有关问题的公告》，明确增值税电子发票的法律效力，指明企业电子发票版式文件可由第三方电子发票平台生成
2015 年 12 月	财政部、国家档案局联合发布《会计档案管理办法》，首次明确电子会计档案的合法地位
2016 年 3 月	十二届全国人大四次会议表决通过《中华人民共和国国民经济和社会发展第十三个五年规划纲要》。作为新增内容之一，"推行电子发票"正式被写入"十三五"规划纲要
2016 年 3 月	国家税务总局先后将纳税信用为 A 级、B 级、M 级和 C 级的一般纳税人纳入取消增值税发票认证的纳税人范围
2016 年 5 月	财政部、国家税务总局发布《关于全面推开营业税改征增值税试点的通知》，以票控税成为往事，信息控税成为趋势
2017 年 1 月	国家税务总局依托增值税发票管理新系统，开发了全国增值税发票查验平台。在该平台可对新系统开具的增值税专用发票、增值税普通发票、机动车销售统一发票和增值税电子普通发票的信息进行查验
2018 年 11 月	深圳市税务局在区块链电子发票方面率先走出一步，开始陆续在不同消费场景实现区块链电子发票开具服务
2019 年 10 月	增值税发票综合服务平台上线，采用电子签名代替发票专用章
2021 年 1 月	为全面落实《优化营商环境条例》，深化税收领域"放管服"改革，加大推广使用电子发票的力度，国家税务总局决定在全国新设立登记的纳税人中实行增值税专用发票电子化

二、电子票据应用的优势

（一）使用期限延长，有利于企业短期资金融通

电子票据使用期限延长，付款期限自出票日起最长为 1 年，较纸质票

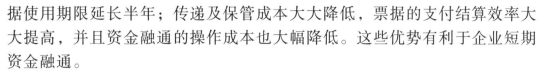

据使用期限延长半年；传递及保管成本大大降低，票据的支付结算效率大大提高，并且资金融通的操作成本也大幅降低。这些优势有利于企业短期资金融通。

另外，票据从纸质转为电子化，能为企业客户提供方便、高效的支付及融资工具。电子票据通过企业网上银行接入，在使用过程中不受时间和空间限制，简化了手续和环节，交易在途时间大大缩短，与其他支付工具和融资方式相比，效率极大地提升了。

（二）流通范围广，有助于全国统一票据市场形成

电子票据系统能为企业客户提供完整的电子票据服务。从业务范围看，电子票据具有传统纸质票据的所有功能；从业务流程看，所有环节都实现了电子化操作，例如电子商业承兑汇票，从签发、承兑开始，到背书流转，最后到托收入账，大大降低了票据业务的操作风险。电子票据可在全国范围内流通，不受地域限制，有助于统一票据市场的形成，促进金融市场的票据流通和发展，让交易更快速、方便。

纸质票据的交易，需买卖双方当面交易，时间长、成本高、效率低。推行电子票据后，企业、银行和其他组织可以借助计算机网络通过电子票据系统完成票据的签发、承兑、背书、贴现、质押、保证、兑付、追索等票据流通的各个流程，足不出户即可完成票据在全国乃至全球范围的流转，实时、快捷、经济地办理各项票据业务，大大简化交易过程，提高交易效率。

（三）介质电子化，杜绝假票

电子票据介质电子化，安全性大大提升，杜绝假票，规避票据遗失、损坏的风险。电子票据不易丢失、损坏和遭抢劫。例如，电子商业汇票系统立足于各家商业银行成熟的网上银行平台，采用严格的数字证书体系进行加密，附加了多重防护手段，以确保电子票据使用的安全。就是说，电子票据储存在系统中，通过可靠的安全认证机制能保证其唯一性、完整性、安全性，降低纸质票据携带的风险，容易辨别真假，不易遭受假票诈骗。

在目前的纸质票据中，查验票据本身及书面盖章是鉴别真伪的手段。虽然在票据的印制过程中，应用了很多防伪措施，但是仅凭人工肉眼辨别真伪仍存在很大的困难，一些不法分子利用伪造、变造的票据凭证和签章骗取银行和客户资金的案件时有发生。推行电子票据后，使用经过安全认

证的电子数据流和可靠的电子签名，能够抑制假票犯罪。

（四）能满足集团客户票据池管理的需要

资金集中化管理水平较高的集团企业迫切需要实现票据的集中化管理。在电子票据推出前，由于成本、效率、风险等多方面因素。票据集中管理困难重重。电子票据的推出，使票据集中化管理变得简单。企业管理的是票据的电子信息，无须进行实物的转移，降低了成本，提高了效率，控制了风险。

任务二 认识发票

一、发票的基本知识

发票是指一切单位和个人在购销商品、提供或接受服务以及从事其他经营活动中，所开具和收取的业务凭证。发票是会计核算的原始依据，也是审计机关、税务机关执法检查的重要依据。

（一）发票的种类

发票的种类有增值税专用发票、增值税普通发票、专业发票。增值税专用发票分为一般纳税人专用发票和小规模纳税人专用发票，它们在增值税税率、税收基数、发票联次数和附加税费的计算方面有所区分。增值税普通发票主要由增值税小规模纳税人使用。专业发票是一种特殊种类的发票，可由政府和主管部门自行管理，不套印税务机关统一发票监制章，也可根据税务征管的需要纳入统一发票管理。

1. 增值税专用发票

增值税专用发票是我国实施新税制的产物，是国家税务部门根据增值税征收管理需要而设定的，专用于纳税人销售或者提供增值税应税项目的一种发票。图 1-2-1 所示为增值税专用发票。

增值税专用发票既具有增值税普通发票所具有的内涵，同时还具有比增值税普通发票更特殊的作用。它不仅是记载商品销售额和增值税税额的财务收支凭证，而且是兼记销货方纳税义务和购货方进项税额的合法证明，是购货方据以抵扣税款的法定凭证，对增值税的计算起着关键性作用。

图 1-2-1 增值税专用发票

2. 增值税普通发票

增值税一般纳税人在不能开具增值税专用发票的情况下也可使用增值税普通发票。增值税普通发票由行业发票和专用发票组成。前者适用于某个行业和经营业务，如商业零售统一发票、商业批发统一发票、工业企业产品销售统一发票等；后者仅适用于某一经营项目，如广告费用结算发票、商品房销售发票等。图 1-2-2 所示为增值税普通发票。

图 1-2-2 增值税普通发票

3. 专业发票

专业发票是指金融、保险企业的存贷凭证、汇兑凭证、转账凭证、保险凭证；铁路、航空、公路、水上运输企业的客票、货票等。保险凭证如图 1-2-3 所示，汽车客票如图 1-2-4 所示。

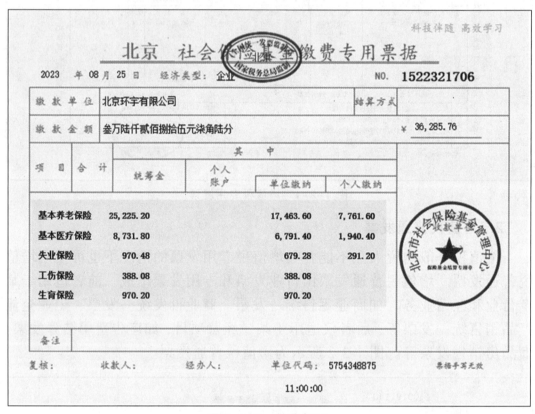

图 1-2-3　保险凭证

图 1-2-4　汽车客票

（二）发票的作用

发票在我国社会经济活动中具有极其重要的意义和作用。

（1）发票具有合法性、真实性、统一性、及时性等特征，是基本的会计原始凭证之一。

（2）发票是记录经济活动内容的载体，是财务管理的重要工具。

（3）发票是税务机关控制税源、征收税款的重要依据。

（4）发票是国家监督经济活动，维护经济秩序，保护国家财产安全的重要手段。

二、发票管理

发票管理是指税务机关依法对发票的印制、领购、使用、保管、检查及违法处理的全过程进行筹划、组织、监督、控制所开展的各项活动的总称，是税收管理的重要组成部分。

（一）开具发票所需资料

（1）增值税纳税人购买货物、劳务、服务、无形资产或不动产，索取增值税专用发票时，须向销售方提供购买方名称（不得为自然人）、纳税人识别号、地址、电话、开户行及账号信息，不需要提供营业执照、开户许可证、增值税一般纳税人登记表等相关证件或其他证明材料。

（2）个人消费者购买货物、劳务、服务、无形资产或不动产，索取增值税普通发票时，不需要向销售方提供纳税人识别号、地址、电话、开户行及账号信息，也不需要提供相关证件或其他证明材料。

（二）开具发票相关要求

单位和个人在开具发票时，必须做到按照号码顺序填开，填写项目齐全，内容真实，字迹清楚，全部联次一次性打印，内容完全一致，并在发票联和抵扣联加盖发票专用章。

（三）发票及税控设备保管要求

（1）建立发票管理制度，按规定开具增值税发票。

（2）有专人负责领用、保管增值税发票，并及时做好增值税发票的领、用、存记录，发票保管人与代开发票人不得为同一人。

（3）按照增值税专用发票管理要求保管和领用增值税专用发票，设置专用保险箱（柜）保管发票及税控设备，非工作时间必须将代开发票及税控设备存入专用保险箱（柜）。

（四）不得开具增值税专用发票的情形

有下列情形的不得为增值税纳税人代开或开具增值税专用发票。

（1）增值税纳税人向消费者个人提供的应税行为。

（2）增值税纳税人零售的烟、酒、食品、服装、鞋帽（不包括劳保专用部分）、化妆品等消费品。

（3）适用免征增值税规定的应税行为。

（五）发票违章及处理规定

（1）任何单位和个人不得有下列虚开发票行为。

① 为他人、为自己开具与实际经营业务情况不符的发票。

② 让他人为自己开具与实际经营业务情况不符的发票。

③ 介绍他人开具与实际经营业务情况不符的发票。

（2）违反《中华人民共和国发票管理办法》（以下简称《发票管理办法》）的规定，有下列情形之一的，由税务机关责令改正，可以处1万元以下的罚款；有违法所得的予以没收。

① 应当开具而未开具发票，或者未按照规定的时限、顺序、栏目，全部联次一次性开具发票，或者未加盖发票专用章的。

② 使用税控装置开具发票，未按期向主管税务机关报送开具发票的数据的。

③ 使用非税控电子器具开具发票，未将非税控电子器具使用的软件程序说明资料报主管税务机关备案，或者未按照规定保存、报送开具发票的数据的。

④ 拆本使用发票的。

⑤ 扩大发票使用范围的。

⑥ 以其他凭证代替发票使用的。

⑦ 跨规定区域开具发票的。

⑧ 未按照规定缴销发票的。

⑨ 未按照规定存放和保管发票的。

（3）违反《发票管理办法》的规定虚开发票的，由税务机关没收违法所得；虚开金额在 1 万元以下的，可以并处 5 万元以下的罚款；虚开金额超过 1 万元的，并处 5 万元以上 50 万元以下的罚款；构成犯罪的，依法追究刑事责任。非法代开发票的，依照前款规定处罚。

 知识拓展

1. 电子发票打印

（1）黑白打印和彩色打印的电子发票均有效，且可以无限复制和重复打印。

（2）打印版式电子发票的法律效力、基本用途和基本使用规定等与税务机关监制的发票相同，因此，电子发票无论是报销时还是售后维权时都可以使用。

（3）根据财政部和国家档案局于 2016 年发布的《会计档案管理办法》，满足第八条和第九条规定的，电子发票的开票方或受票方，可仅以电子形式对发票进行归档保存。

《会计档案管理办法》

2. 电子发票真伪查询

财务人员对电子发票的真伪必须一一查验。取得增值税发票的单位和个人可登录全国增值税发票查验平台对新系统开具的增值税专用发票、增值税普通发票、机动车销售统一发票和增值税电子普通发票等的信息进行查验。不同地区开具的电子发票也可在所在省、自治区、直辖市税务局网站中进行真伪查询。

财务人员在前述网站中输入发票代码、发票号码、验证码等，就可以对电子发票进行验证。如果屏幕中出现的电子发票和手中持有的电子发票内容一致，就表示该张电子发票为真发票。

任务三 认识支付结算票据

一、支票

支票是出票人签发的，委托办理支票存款业务的银行或者其他金融机构在见票时无条件支付确定金额给收款人或者持票人的票据。转账支票是支票的一种，如图 1-3-1 所示。

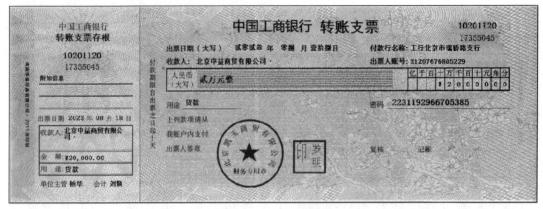

图 1-3-1　转账支票

开立支票存款账户，申请人必须使用其本名，提交证明其身份的合法证件，并预留其本名的签名式样和印鉴。开立支票存款账户和领用支票，应当有可靠的资信，并存入一定的资金。

根据《中华人民共和国票据法》规定，支票必须记载下列事项：①表明"支票"的字样；②无条件支付的委托；③确定的金额；④付款人名称；⑤出票日期；⑥出票人签章。

 注意

支票上未记载上述规定事项之一的，支票无效。

（一）支票的填制

支票填制的具体要求如下。

（1）支票上的金额、日期、收款人名称不得更改，票据金额以中文大写和数码同时记载且二者必须一致，如果违反这些规定，将导致支票无效。

（2）支票填写应注意以下事项。

① 签发支票应使用碳素墨水或墨汁填写。

② 大写金额数字应紧接"人民币"字样填写，不得留有空白，以防加填；大小写金额要对应并按规定书写；阿拉伯小写金额数字前面，均应填写人民币符号"¥"；阿拉伯小写金额数字要认真填写，不得连写、分辨不清。

③ 为防止变造支票的出票日期，在填写月、日时应注意：月为壹、贰和壹拾的，日为壹至玖、壹拾、贰拾和叁拾的，应在其前加"零"；日为拾壹至拾玖的，应在其前加"壹"。

④ 支票的出票人签发支票的金额不得超过付款时在付款人处实有的存款金额。

⑤ 支票的出票人在票据上的签章，应为其预留银行的签章。该签章是银行审核支票付款的依据。银行也可以与出票人约定使用支付密码，作为银行审核支付支票金额的条件。出票人不得签发与其预留银行签章不符的支票；使用支付密码的，出票人不得签发支付密码错误的支票。

（二）支票的背书

支票的背书是指以转让支票权利为目的，或者以将支票权利授予他人行使为目的，在支票背面或者粘单上记载有关事项并签章的票据行为。

（1）支票的背书应遵循以下规定。

① 背书人在支票上记载"不得转让"字样，其后手再背书转让的，原背书人对后手的被背书人不承担保证责任。

② 背书记载"委托收款"字样的，被背书人有权代背书人行使被委托的支票权利，但被背书人不得再以背书转让支票权利。

③ 支票可以设定质押，质押时应当以背书记载"质押"字样，被背书人依法实现其质权时，可以行使支票权利。

④ 支票的背书不得附有条件，背书时附有条件的，所附条件不具有效力。

（2）不得将支票金额部分转让或将支票转让给两人以上，背书人做出以上背书的，视为未背书或者支票的转让无效。

（3）用于支取现金的支票不得背书转让。

（4）以背书转让的支票，背书应当连续。所谓背书连续，是指在支票转让中，转让支票的背书人与受让支票的被背书人在支票上的签章依次前后衔接。背书连续是持票人拥有合法票据权利的证明，如果背书不连续，支票付款人可以拒绝付款。支票背书关系如图1-3-2所示。

被背书人：乙	被背书人：丙	被背书人：丁
背书人：甲 2023年1月1日	背书人：乙 2023年3月1日	背书人：丙 2023年7月1日

图1-3-2 支票背书关系

注：甲是支票票面上记载的收款人，甲将支票背书转让给乙，甲称为乙的前手，乙称为甲的后手。同理，甲、乙、丙都是丁的前手，乙、丙、丁都是甲的后手。

（三）接收支票时的注意事项

（1）没有签名盖章的支票不能收。签章空白的支票是不完全票据，这种票据无法律效力，必须请出票人补上签章后方可接收。

（2）出票签名或盖章模糊不清的支票不能收。这种签章不清楚或不明的支票经常被银行退票。

（3）支票上签章处只有出票人的指印，没有其他签名或盖章，应拒收。支票上的签名能以盖章的方式代替，但不能以指印代替签名。

（4）图章颠倒的支票是有效的，可以收。

（5）盖错印鉴后，再加盖正确印鉴的支票，可以收。出票人在盖错的印鉴上打"/"涂销，这枚印鉴视为没有记载，只要第二次所盖的印鉴和银行预留的印鉴相同，而且户头内有足够的存款，这张支票就是安全的。

（6）大小写金额不符的支票不能收。

（7）出票金额、出票日期、收款人名称更改的支票不能收；其他记载事项更改，没有原记载人签章证明的支票不能收。

（8）背书不连续的支票不能收。背书使用粘单的，粘单上的第一记载人没有在支票和粘单的粘接处签章的支票不能收。

（9）超出提示付款期限（自出票日起10日）的支票不能收。

（四）签发空头支票或签发与其预留的签章不符的支票的法律后果

出票人签发的支票金额超过其付款时在付款人处实有的存款金额的，为空头支票。签发空头支票或签发与其预留的签章不符的支票的法律后果包括刑事责任、行政责任和民事责任3个方面。

1. 刑事责任

签发空头支票或签发与其预留的印鉴不符的支票，骗取财物的，根据《中华人民共和国刑法》第一百九十四条规定，对这种金融票据诈骗犯罪，处5年以下有期徒刑或者拘役，并处2万元以上20万元以下罚金；数额巨大或者有其他严重情节的，处5年以上10年以下有期徒刑，并处5万元以上50万元以下罚金；数额特别巨大或者有其他特别严重情节的，处10年以上有期徒刑或者无期徒刑，并处5万元以上50万元以下罚金或者没收财产。

2. 行政责任

签发空头支票或签发与其预留的签章不符的支票，不以骗取财物为目

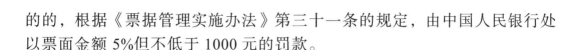

的的，根据《票据管理实施办法》第三十一条的规定，由中国人民银行处以票面金额 5%但不低于 1000 元的罚款。

3. 民事责任

（1）签发空头支票或签发与其预留的签章不符的支票，不以骗取财物为目的的，根据《票据管理实施办法》第三十一条的规定，持票人有权要求出票人赔偿支票金额 2%的赔偿金。

（2）持票人除了可要求出票人按《中华人民共和国票据法》第七十条、第七十一条的规定支付金额和费用，还可要求出票人承担因其签发空头支票给持票人造成损失的补偿责任。

警示案例

202×年 3 月 24 日，在 J 银行某支行开户的 A 有限责任公司签发了一张金额为人民币 4784 元，收款人为 B 商店的转账支票。

202×年 3 月 31 日，收款人通过开户银行提示付款时，银行工作人员发现该出票人签发的支票上印章与其预留银行印章不符，随即退票。

接到 J 银行某支行上报的《空头支票报告书》后，中国人民银行当地分行对该行上报的内容进行了调查，经查实，依据《票据管理实施办法》第三十一条"签发空头支票或者签发与其预留的签章不符的支票，不以骗取财物为目的的，由中国人民银行处以票面金额 5%但不低于 1000 元的罚款"之规定，对 A 有限责任公司处以罚款人民币 1000 元的行政处罚。

👤 二、汇票

汇票是出票人签发的，委托付款人在见票时或者在指定日期无条件支付确定的金额给收款人或者持票人的票据。

（一）汇票的类型

汇票根据出票人的不同，分为银行汇票和商业汇票。

（1）银行汇票是指由出票银行签发的，由其在见票时按照实际结算金额无条件付给收款人或者持票人的票据，如图 1-3-3 所示。

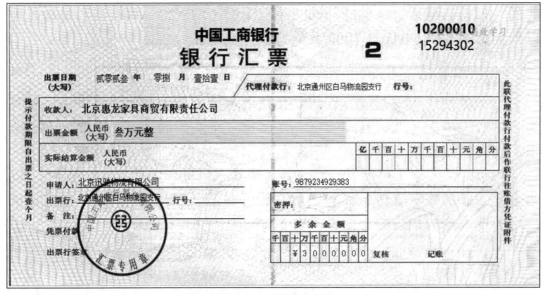

图 1-3-3　银行汇票

（2）商业汇票是出票人签发的，委托付款人在指定日期无条件支付确定的金额给收款人或者持票人的票据。

商业汇票分为商业承兑汇票（见图 1-3-4）和银行承兑汇票（见图 1-3-5）。

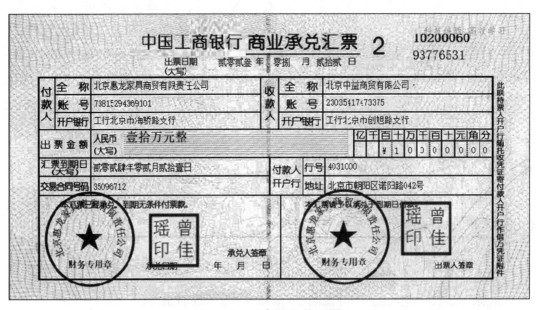

图 1-3-4　商业承兑汇票

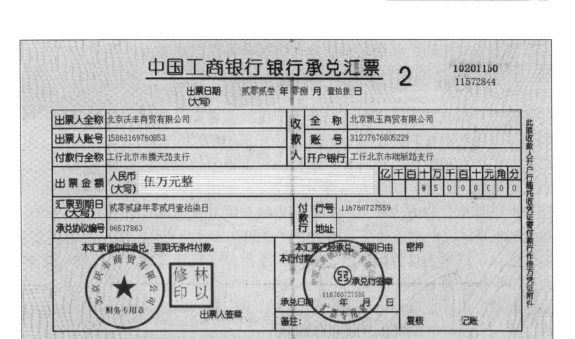

图 1-3-5 银行承兑汇票

商业承兑汇票由银行以外的付款人承兑（付款人为承兑人），银行承兑汇票由银行承兑。商业汇票的付款期限，不得超过 6 个月（电子商业汇票可延长至 1 年）。

（二）汇票的必须记载事项

根据《中华人民共和国票据法》规定，汇票必须记载下列事项：①表明"汇票"的字样；②无条件支付的委托；③确定的金额；④付款人名称；⑤收款人名称；⑥出票日期；⑦出票人签章。

注意

汇票上未记载上述规定事项之一的，汇票无效。

（三）汇票的票据行为

1. 出票

出票是指出票人签发票据并将其交付给收款人的票据行为。汇票的出票人必须与付款人具有真实的委托付款关系，并且具有支付汇票金额的可靠资金来源。出票人签发汇票后，即承担保证该汇票承兑和付款的责任。

不得签发无对价的汇票用以骗取银行或者其他票据当事人的资金。

2. 背书

背书是指在票据背面或者粘单上记载有关事项并签章的票据行为。持票人可以将汇票权利转让给他人或者将一定的汇票权利授予他人行使。出票人在汇票上记载"不得转让"字样的，汇票不得转让。以背书转让的汇票，背书应当连续。持票人以背书的连续，证明其汇票权利；非经背书转让，而以其他合法方式取得汇票的，依法举证，证明其汇票权利。以背书转让的汇票，后手应当对其直接前手背书的真实性负责。汇票被拒绝承兑、被拒绝付款或者超过付款提示期限的，不得背书转让；背书转让的，背书人应当承担汇票责任。

汇票可以设定质押，质押时应当以背书记载"质押"字样。被背书人依法实现其质权时，可以行使汇票权利。

3. 承兑

承兑是指汇票付款人承诺在汇票到期日支付汇票金额的票据行为。定日付款或者出票后定期付款的汇票，持票人应当在汇票到期日前向付款人提示承兑。见票即付的汇票无须提示承兑。

4. 追索

汇票到期被拒绝付款的，持票人可以对背书人、出票人以及汇票的其他债务人行使追索权。持票人行使追索权时，应当提供被拒绝承兑或者被拒绝付款的有关证明。持票人应当自收到被拒绝承兑或者被拒绝付款的有关证明之日起三日内，将被拒绝事由书面通知其前手，其前手应当自收到通知之日起三日内书面通知其再前手。持票人也可以同时向各汇票债务人发出书面通知。

（四）电子商业汇票

电子商业汇票是指通过电子化手段完成汇票的签发、传递、保管、质押等流程的一种新型票据形式。

1. 基本规定

（1）电子商业汇票是指出票人依托电子商业汇票系统，以数据电文形式制作的，委托付款人在指定日期无条件支付确定金额给收款人或者持票人的票据。

（2）根据承兑人不同，电子商业汇票可分为电子银行承兑汇票和电子商业承兑汇票（见图 1-3-6）。电子银行承兑汇票由银行业金融机构、财务公司（以下统称“金融机构”）承兑；电子商业承兑汇票由金融机构以外的法人或其他组织承兑，其付款人为承兑人。

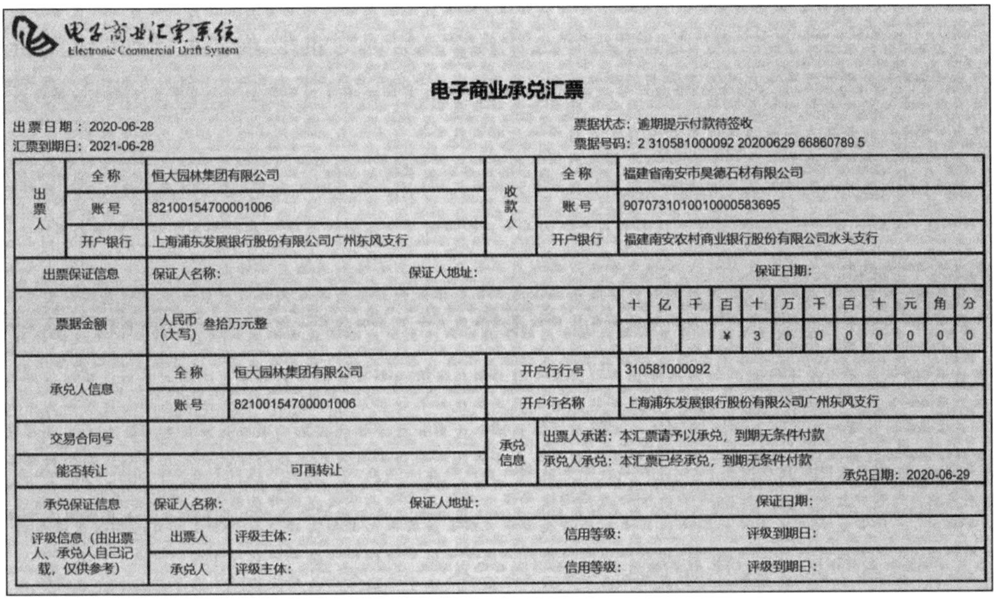

电子商业汇票系统
Electronic Commercial Draft System

电子商业承兑汇票

出票日期：2020-06-28　　票据状态：逾期提示付款待签收
汇票到期日：2021-06-28　　票据号码：2 310581000092 20200629 66860789 5

出票人	全称	恒大园林集团有限公司	收款人	全称	福建省南安市昊德石材有限公司
出票人	账号	82100154700001006	收款人	账号	90707310100100005836 95
出票人	开户银行	上海浦东发展银行股份有限公司广州东风支行	收款人	开户银行	福建南安农村商业银行股份有限公司水头支行
出票保证信息	保证人名称:		保证人地址:		保证日期:
票据金额	人民币（大写） 叁拾万元整				十 亿 千 百 十 万 千 百 十 元 角 分 ¥ 3 0 0 0 0 0 0
承兑人信息	全称	恒大园林集团有限公司	开户行行号	310581000092	
承兑人信息	账号	82100154700001006	开户行名称	上海浦东发展银行股份有限公司广州东风支行	
交易合同号			承兑信息	出票人承诺：本汇票请予以承兑，到期无条件付款	
能否转让	可再转让		承兑信息	承兑人承兑：本汇票已经承兑，到期无条件付款　承兑日期：2020-06-29	
承兑保证信息	保证人名称:		保证人地址:		保证日期:
评级信息（由出票人、承兑人自己记载，仅供参考）	出票人	评级主体:	信用等级:	评级到期日:	
评级信息（由出票人、承兑人自己记载，仅供参考）	承兑人	评级主体:	信用等级:	评级到期日:	

图 1-3-6 电子商业承兑汇票

（3）电子商业汇票的出票、承兑、背书、保证、提示付款和追索等业务，必须通过电子商业汇票系统办理。

（4）电子商业汇票的付款期限自出票日起至到期日止，不得超过 1 年，电子商业汇票以人民币为计价单位，单张票据金额不超过 10 亿元。

2. 电子汇票与纸质汇票的区别

（1）票据载体不同

纸质汇票：由收款人或存款人（或承兑申请人）签发，由承兑人承兑，并于到期日向收款人或被背书人支付款项的一种票据。

电子汇票：出票人依托电子商业汇票系统，以数据电文形式制作的，委托付款人在指定日期无条件支付确定的金额给收款人或者持票人的票据。

（2）票据流通形式不同

纸质汇票：流通依托于纸质票据本身，必须在票据上加盖有效印章后，方能流通。

电子汇票：流通依托于网络，只要有企业网上银行就能随时随地办理票据的各项业务，实现各种票据行为。

3. 电子商业汇票系统

电子商业汇票系统是由中国人民银行建设并管理，依托网络和计算机技术，接收、登记、转发电子商业汇票数据电文，提供与电子商业汇票货币给付、资金清算行为相关服务，并提供纸质商业汇票登记查询和商业汇票公开报价服务的综合性业务处理平台。该系统的建成运行，标志着我国票据市场迈入电子化时代。

全国电子商业汇票系统由一个核心功能模块（电子商业汇票业务处理）、两个辅助功能模块（纸质商业汇票登记查询系统和商业汇票转贴现公开报价）组成。

（1）电子商业汇票业务处理功能模块可为各行客户签发的电子商业汇票实行集中登记存储，并提供互联互通的流通转让平台，实现电子商业汇票出票、承兑、背书、保证、提示付款、追索等业务流程的电子化。同时，该功能模块与商业银行内部系统及中国人民银行的现代化支付系统连接，可实现电子商业汇票贴现、转贴现、再贴现等融资交易和提示付款的即时转账结算，同步完成票据融资交易的交割，实现票款兑付。

（2）纸质商业汇票登记查询功能模块能够为纸质商业汇票承兑、贴现、转贴现、再贴现、质押、质押解除、挂失止付等票据行为提供登记查询服务，实现纸质商业汇票票面信息的集中登记存储，方便纸质商业汇票的贴现、质押业务查询。

（3）商业汇票转贴现公开报价模块能够实现电子商业汇票和纸质商业汇票转贴现公开报价，为银行、财务公司进行询价交易提供信息。

三、本票

本票是出票人签发的，承诺自己在见票时无条件支付确定的金额给收款人或者持票人的票据。本票的出票人必须具有支付本票金额的可靠资金来源，并保证支付。本票的出票人在持票人提示见票时，必须承担付款的责任。

（一）本票的必须记载事项

根据《中华人民共和国票据法》规定，本票（见图1-3-7）必须记载下列事项：①表明"本票"的字样；②无条件支付的承诺；③确定的金额；④收款人名称；⑤出票日期；⑥出票人签章。

注意

本票上未记载上述规定事项之一的，本票无效。

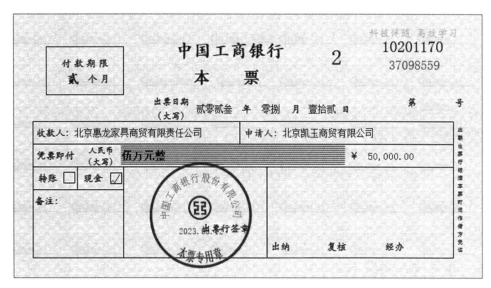

图 1-3-7　本票

（二）本票的其他注意事项

本票自出票日起，付款期限不得超过 2 个月。本票的持票人未按照规定期限提示见票的，丧失对出票人以外的前手的追索权。

任务四　认识其他票据

一、财政票据

财政票据是指由财政部门监（印）制、发放、管理，国家机关、事业单位、具有公共管理或者公共服务职能的社会团体及其他组织（以下统称"行政事业单位"）依法收取政府非税收入或者从事非营利性活动收取财物时，向公民、法人和其他组织开具的凭证。

财政票据是财务收支和会计核算的原始凭证，包括电子和纸质两种形式。财政电子票据和纸质票据具有同等法律效力，是财会监督、审计监督等的重要依据。

（一）财政票据的管理

财政部门是财政票据的主管部门。

财政部负责全国财政票据管理工作，承担中央单位财政票据的监（印）制、发放、核销、销毁和监督检查等工作，指导地方财政票据管理工作。

省、自治区、直辖市人民政府财政部门，新疆生产建设兵团财政局（以下简称省级财政部门）负责本行政区域财政票据的监（印）制、发放、核销、销毁和监督检查等工作，指导下级财政部门财政票据管理工作。

省级以下财政部门负责本行政区域财政票据的申领、发放、核销、销毁和监督检查等工作。

（二）财政票据的种类、适用范围

财政票据可分为 3 种类型：非税收入类票据、结算类票据、其他财政票据。

1. 非税收入类票据

（1）非税收入通用票据（见图 1-4-1）是指行政事业单位依法收取政府非税收入时开具的通用凭证。

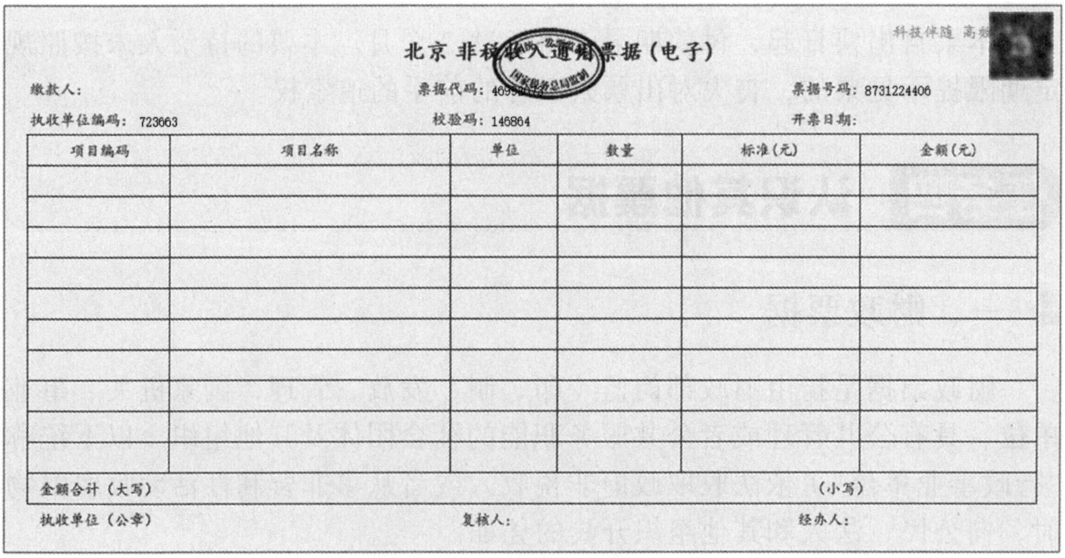

图 1-4-1 非税收入通用票据

（2）非税收入一般缴款书，是指实施政府非税收入收缴管理制度改革的行政事业单位收缴政府非税收入时开具的通用凭证。

2. 结算类票据

资金往来结算票据，是指行政事业单位在发生暂收、代收和单位内部资金往来结算时开具的凭证，如图 1-4-2 所示。

会 议 费 结 算 单		科技伴随 高效学习
会议名称：		开会时间：
参会人员：	人	
其中：外地代表：	人	
本地代表：	人	
工作人员：	人	
会期（含报到和离开时间）：		天
按综合定额标准计算会议费开支控制数：		元
实际开支：		元
其中：住宿费	元	
伙食费	元	
会议室租金	元	
交通费	元	
文件印刷费	元	
其他支出	元	
（1）	元	
（2）	元	
审批人：	财务审核人：	经办人：

图 1-4-2 资金往来结算票据

3. 其他财政票据

（1）公益事业捐赠票据（见图 1-4-3），是指国家机关、公益性事业单位、公益性社会团体和其他公益性组织依法接受公益性捐赠时开具的凭证。

（2）医疗收费票据，是指非营利医疗卫生机构从事医疗服务取得医疗收入时开具的凭证。

（3）社会团体会费票据，是指依法成立的社会团体向会员收取会费时开具的凭证。

（4）其他应当由财政部门管理的票据。

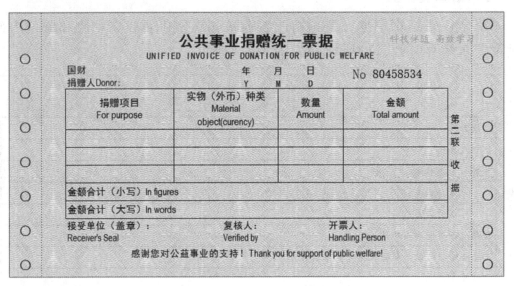

图 1-4-3　公益事业捐赠票据

（三）财政电子票据业务流程

1．制样

由财政端描述电子票据的数据要素及可视化样式，制作形成电子票据模板文件。

2．赋码

由财政部门向用票单位发放财政电子票据票号，保证财政电子票据票号唯一性。可采用两种赋码模式：一是财政部门向用票单位预发电子票据票号，单位按顺序使用电子票据票号；二是用票单位开票时系统按照财政部门设定规则自动分配电子票据票号。

3．开具

用票单位可以使用系统单位端开具财政电子票据，或者通过单位自有业务系统和财政电子票据管理系统接口自动开具财政电子票据。开票信息中须包含单位数字签名。

单位开具生成含有单位签名的票据信息后，通过系统自动上传到财政端，财政端验证电子票据票号唯一性、单位签名有效性无误后，追加财政监制签名，制作生成完整的财政电子票据。

4. 传输

财政电子票据信息通过短信、微信、电子邮件、电子票据专用 App 等多种方式发送给缴款人。缴款人可以通过财政票据管理服务网站等方式获取财政电子票据。

5. 查验

缴款人通过财政票据管理服务网站或应用工具等查验票据真伪。

6. 入账

由开票单位和缴款单位进行财政电子票据入账处理。财政部门应提供支持财政电子票据入账接口，单位可以建立单位财务管理系统与财政电子票据管理系统接口，自动获取、查验本单位的财政电子票据，生成记账凭证。

7. 归档

由财政部门、开票单位、缴款单位分别按照《会计档案管理办法》的有关规定进行归档，形成符合长期保管要求的电子会计档案。财政部门归档作为备查依据，开票单位归档作为记账依据，缴款单位归档作为报销凭据。

二、税收票证

税收票证是指税务机关、扣缴义务人依照法律法规，代征代售人按照委托协议，征收税款、基金、费、滞纳金、罚没款等各项收入（以下统称"税款"）的过程中，开具的收款、退款和缴库凭证。税收票证是纳税人实际缴纳税款或者收取退还税款的法定证明。

税收票证包括纸质形式和数据电文形式。数据电文税收票证是指通过横向联网电子缴税系统办理税款的征收缴库、退库时，向银行、国库发送的电子缴款、退款信息。

税收票证可分为税收缴款书、税收收入退还书、税收完税证明、出口货物劳务专用税收票证、印花税专用税收票证。

1. 税收缴款书

税收缴款书（见图 1-4-4）是纳税人据以缴纳税款，税务机关、扣缴义务人以及代征代售人据以征收、汇总税款的税收票证，分为税收缴款书（银行经收专用）、税收缴款书（税务收现专用）、税收缴款书（代扣代收专用）、税收电子缴款书 4 种类型。

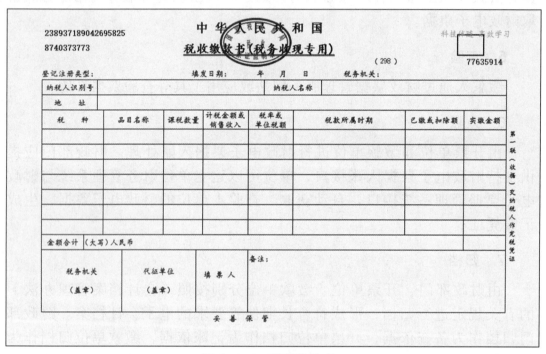

图 1-4-4 税收缴款书

（1）税收缴款书（银行经收专用）是由纳税人、税务机关、扣缴义务人、代征代售人向银行传递，通过银行划缴税款（出口货物劳务增值税、消费税除外）到国库时使用的纸质税收票证。其适用范围包括：

① 纳税人自行填开或税务机关开具，纳税人据以在银行柜面办理缴税（转账或现金），由银行将税款缴入国库；

② 税务机关收取现金税款、扣缴义务人扣缴税款、代征代售人代征税款后开具，据以在银行柜面办理税款汇总缴入国库；

③ 税务机关开具，据以办理"待缴库税款"账户款项缴入国库。

（2）税收缴款书（税务收现专用）是纳税人以现金、刷卡（未通过横向联网电子缴税系统）方式向税务机关缴纳税款时，由税务机关开具并交付纳税人的纸质税收票证。

代征人代征税款时，也应开具本缴款书并交付纳税人。为方便流动性零散税收的征收管理，本缴款书可以在票面印有固定金额，具体面额种类由各省税务机关确定，但是，单种面额不得超过 100 元。

（3）税收缴款书（代扣代收专用）是扣缴义务人依法履行税款代扣代缴、代收代缴义务时开具并交付纳税人的纸质税收票证。

扣缴义务人代扣代收税款后，已经向纳税人开具了税法规定或国家税务总局认可的记载完税情况的其他凭证的，可不再开具本缴款书。

（4）税收电子缴款书是税务机关将纳税人、扣缴义务人、代征代售人的电子缴款信息通过横向联网电子缴税系统发送给银行，银行据以划缴税款到国库时，由税收征管系统生成的数据电文形式的税收票证。

2. 税收收入退还书

税收收入退还书是税务机关依法为纳税人从国库办理退税时使用的税收票证，具体包括税收收入退还书和税收收入电子退还书。税收收入退还书应当由县以上税务机关税收会计开具并向国库传递或发送。

（1）税收收入退还书是税务机关向国库传递，依法为纳税人从国库办理退税时使用的纸质税收票证。

（2）税收收入电子退还书是税务机关通过横向联网电子缴税系统依法为纳税人从国库办理退税时，由税收征管系统生成的数据电文形式的税收票证。

3. 税收完税证明

税收完税证明是税务机关为证明纳税人已经缴纳税款或者已经退还纳税人税款而开具的纸质税收票证，如图 1-4-5 所示。税收完税证明的适用范围如下。

（1）纳税人、扣缴义务人、代征代售人通过横向联网电子缴税系统划缴税款到国库（经收处）后或收到从国库退还的税款后，当场或事后需要取得税收票证的。

（2）扣缴义务人代扣代收税款后，已经向纳税人开具税法规定或国家税务总局认可的记载完税情况的其他凭证，纳税人需要换开正式完税凭证的。

（3）纳税人遗失已完税的各种税收票证（出口货物完税分割单、印花税票和印花税票销售凭证除外），需要重新开具的。

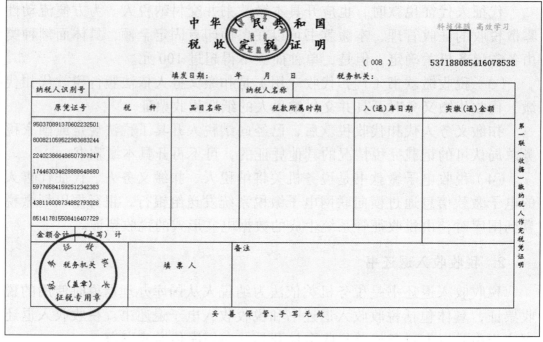

图 1-4-5　税收完税证明

（4）对纳税人特定期间完税情况出具证明的。

（5）国家税务总局规定的其他需要为纳税人开具完税凭证情形。

税务机关在确保纳税人缴、退税信息全面、准确、完整的条件下，可以开展前款第四项规定的税收完税证明开具工作，具体开具办法由各省税务机关确定。

4. 出口货物劳务专用税收票证

出口货物劳务专用税收票证是由税务机关开具，专门用于纳税人缴纳出口货物劳务增值税、消费税或者证明该纳税人再销售给其他出口企业的货物已缴纳增值税、消费税的纸质税收票证，具体包括税收缴款书（出口货物劳务专用）和出口货物完税分割单。

（1）税收缴款书（出口货物劳务专用）是由税务机关开具，专门用于纳税人缴纳出口货物劳务增值税、消费税时使用的纸质税收票证。纳税人以银行经收方式、税务收现方式，或者通过横向联网电子缴税系统缴纳出口货物劳务增值税、消费税时，均使用本缴款书。纳税人缴纳随出口货物劳务增值税、消费税附征的其他税款时，税务机关应当根据缴款方式，使用其他种类的缴款书，不得使用本缴款书。

（2）出口货物完税分割单是已经缴纳出口货物增值税、消费税的纳税人将购进货物再销售给其他出口企业时，为证明所售货物的完税情况，便于其他出口企业办理出口退税，到税务机关换开的纸质税收票证。

5. 印花税专用税收票证

印花税专用税收票证是税务机关或印花税票代售人在征收印花税时向纳税人交付、开具的纸质税收票证，具体包括印花税票和印花税票销售凭证。

（1）印花税票是印有固定金额，专门用于征收印花税的有价证券。纳税人缴纳印花税，可以购买印花税票贴花缴纳，也可以开具税收缴款书缴纳。采用开具税收缴款书缴纳的，应当将纸质税收缴款书或税收完税证明粘贴在应税凭证上，或者由税务机关在应税凭证上加盖印花税收讫专用章。

（2）印花税票销售凭证是税务机关和印花税票代售人销售印花税票时一并开具的专供购买方报销的纸质凭证。

三、收款收据

收款收据一般为一式三联：第一联为存根，出纳自己留存（见图1-4-6）；第二联交给付款人作为付款的凭证；第三联交给财会部门据以记账。

图 1-4-6　常见的收款收据

开具收款收据时，应填写的基本内容包括：收款日期；交款单位或交款人名称；交款原因；交款小写金额；交款大写金额；收款情况；收款人签名。填写完收款收据后，须在收款单位处加盖企业的财务专用章或公章。

任务五 票据岗位人员的工作职责和职业道德

一、票据岗位人员的工作职责

1. 接收原始单据

票据岗位人员应负责接收、初审、扫描共享中心所在地的各类报账单对应的原始单据。

2. 修正原始单据

票据岗位人员应负责根据报销核检结果修正报账单对应的原始单据，根据审核意见补扫或撤销无效的影像。

3. 整理、移交抵扣联

票据岗位人员应按照共享中心规定的频率和抽取移交要求，整理进项税额涉及的可抵扣资料，移交给税务会计。

4. 归档并将会计档案移交到档案管理部门

票据岗位人员应按照共享中心的归档频率和要求，打印、装订、整理会计档案，并按公司规定按时移交历史档案到公司的档案管理部门。

5. 管理会计档案

票据岗位人员应负责会计档案的借阅与调拨。

6. 协助优化流程

票据岗位人员应在工作过程中捕捉、收集、记录扫描和存档的问题，思考优化方向，为流程优化和效率提升提供案例基础。

7. 执行上级安排的工作

票据岗位人员应服从上级安排，做好临时性工作。

👤 二、票据岗位人员的职业道德

职业道德是道德在职业实践活动中的具体体现。我国《新时代公民道德建设实施纲要》提出了职业道德的主要内容是：爱岗敬业、诚实守信、办事公道、热情服务、奉献社会。

会计人员在坚守公民道德的基础上还应遵守会计职业道德。会计职业道德是指在会计职业活动中应遵循的体现会计职业特征的、调整会计职业关系的职业行为准则和规范。会计职业道德是一般社会道德在会计职业中的特殊表现形式，它既有社会道德的共性，又有会计自身职业的特性。会计职业道德规范的主要内容包括爱岗敬业、诚实守信、廉洁自律、客观公正、坚持准则、提高技能、参与管理、强化服务。

作为会计人员之一的票据岗位人员还应遵守其岗位职业道德，才能够保证交易的公正、合法和安全。

1. 诚实守信

票据岗位人员必须坚持诚实守信的原则，不得随意更改票据或印章，不能将印章随意借给他人使用。票据岗位人员应对客户信息和交易细节保密，确保交易的安全和客户的隐私安全。

2. 责任心和专业素养

票据的使用和管理是一项高度专业化的工作，涉及公司重要印鉴的保管与使用，票据岗位人员需要具备高度的责任心和专业素养。票据岗位人员应对每一笔交易进行仔细、认真的审核和管理，确保交易的合法性和安全性；票据岗位人员还应不断学习相关法律法规，提高自己的专业素养，以更好地服务客户。

3. 保护客户权益

票据岗位人员需要保护客户的权益。票据岗位人员要对客户的资金和交易信息保密，确保客户的权益不受损失。此外，票据岗位人员还需要及时处理和解决交易中出现的问题，以保障客户的权益。

4. 公正客观

票据岗位人员要保持公正、客观的态度，不得偏袒任何一方。票据岗位人员需要根据法律法规和公司规定对票据进行审核和管理，确保交易的公正性和合法性。此外，票据岗位人员还需要对客户的信用记录进行客观评估，避免交易风险。

项目总结

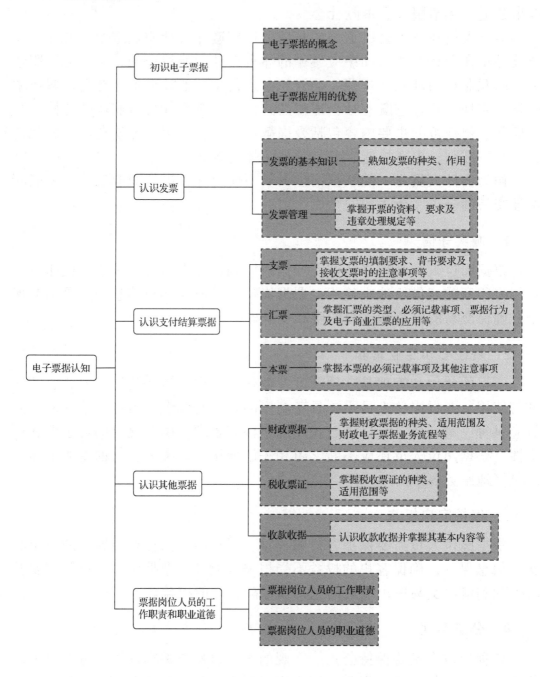

同步练习

一、单选题

1. （　　　），微信在北京发布了电子发票解决方案。

    A．2013 年 3 月 31 日

    B．2014 年 3 月 31 日

    C．2015 年 3 月 31 日

    D．2016 年 3 月 31 日

2. 国家税务总局出台相关政策大力推动（　　　）。

    A．"互联网+金融"改革

    B．"互联网+会计"改革

    C．"互联网+税务"改革

    D．"互联网+商务"改革

3. （　　　）只限于增值税一般纳税人领购使用。

    A．增值税专用发票　　　　　　B．增值税普通发票

    C．增值税发票　　　　　　　　D．以上都不是

4. 应当开具而未开具发票，或者未按照规定的时限、顺序、栏目，全部联次一次性开具发票，或者未加盖发票专用章的，由税务机关责令改正，可以处（　　　）的罚款；有违法所得的予以没收。

    A．5000 万元以下　　　　　　B．5000 元以上 1 万元以下

    C．1 万元以下　　　　　　　　D．1 万元以上

5. 虚开金额超过 1 万元的，并处（　　　）的罚款。

    A．1 万元以上 20 万元以下

    B．2 万元以上 30 万元以下

    C．3 万元以上 40 万元以下

    D．5 万元以上 50 万元以下

6. （　　　）是出票人签发的，委托付款人在见票时或者在指定日期无条件支付确定的金额给收款人或者持票人的票据。

    A．支票　　　B．本票　　　　C．汇票　　　　D．发票

7. 商业汇票的付款期限，不得超过（　　　）（电子商业汇票可延长至 1 年）。

    A．3 个月　　　B．6 个月　　　　C．9 个月　　　　D．12 个月

8. （　　）是指出票人签发票据并将其交付给收款人的票据行为。

    A. 开票　　　　B. 出票　　　　C. 背书　　　　D. 承兑

9. 电子商业汇票的付款期限自出票日起至到期日止，不得超过（　　）。

    A. 1 年　　　　B. 2 年　　　　C. 3 年　　　　D. 4 年

10. 电子汇票是出票人依托电子商业汇票系统，以数据电文形式制作的，委托付款人在（　　）无条件支付确定的金额给收款人或者持票人的票据。

    A. 每月 1 日　　　　　　　　B. 指定日期

    C. 每月 15 日　　　　　　　　D. 任何时间

11. （　　）是出票人签发的，承诺自己在见票时无条件支付确定的金额给收款人或者持票人的票据。

    A. 支票　　　　B. 本票　　　　C. 汇票　　　　D. 发票

12. 本票自出票日起，付款期限不得超过（　　）。

    A. 1 个月　　　B. 2 个月　　　C. 3 个月　　　D. 6 个月

13. （　　）是财务收支和会计核算的原始凭证。

    A. 财政票据　　B. 商业票据　　C. 银行票据　　D. 税收票证

14. （　　）是印有固定金额，专门用于征收印花税的有价证券。

    A. 印花税票　　　　　　　　B. 税收完税证明

    C. 增值税票　　　　　　　　D. 税收缴款书

二、多选题

1. 电子票据是纸质票据的电子化，可以像纸质票据一样进行（　　）等行为。

    A. 转让　　　　B. 贴现　　　　C. 质押　　　　D. 托收

2. 电子发票在我国经历了（　　）。

    A. 局部试点阶段　　　　　　B. 广泛推广阶段

    C. 全面覆盖阶段　　　　　　D. 逐步推行阶段

3. 电子票据应用的优势包括（　　）。

    A. 使用期限延长，有利于企业短期资金融通

    B. 流通范围广，有助于全国统一票据市场形成

    C. 介质电子化，杜绝假票

    D. 能满足集团客户票据池管理的需要

4. 发票的种类包括（　　　）。

    A. 增值税专用发票　　　　　　B. 其他发票

    C. 增值税普通发票　　　　　　D. 专业发票

5. 发票具有（　　　）等特征。

    A. 统一性　　　B. 合法性　　　　C. 真实性　　　D. 及时性

6. 有（　　　）情形的不得为增值税纳税人代开或开具增值税专用发票。

    A. 增值税纳税人向消费者个人提供的应税行为

    B. 增值税纳税人零售的烟、酒

    C. 适用免征增值税规定的应税行为

    D. 增值税纳税人零售的服装、鞋帽（不包括劳保专用部分）

7. 虚开发票行为包括（　　　）。

    A. 为他人、为自己开具与实际经营业务情况不符的发票

    B. 让他人为自己开具与实际经营业务情况不符的发票

    C. 介绍他人开具与实际经营业务情况不符的发票

    D. 未加盖发票专用章

8. 接收支票应注意（　　　）。

    A. 没有签名盖章的支票不能收

    B. 出票签名或盖章模糊不清的支票不能收

    C. 图章颠倒的支票是无效的，不能收

    D. 背书不连续的支票可以收

9. 签发空头支票或签发与其预留的签章不符的支票的法律后果包括（　　　）。

    A. 刑事责任　　B. 行政责任　　　C. 民事责任　　　D. 无责任

10. 汇票的必须记载事项包括（　　　）。

    A. 有条件支付的委托　　　　　B. 无条件支付的委托

    C. 付款人名称　　　　　　　　D. 收款人名称

11. 汇票的票据行为包括（　　　）。

    A. 出票　　　　B. 背书　　　　C. 承兑　　　　D. 追索

12. 财政票据可分为（　　　）。

    A. 非税收入类票据　　　　　　B. 结算类票据

    C. 其他财政票据　　　　　　　D. 税收票据

13. 财政电子票据业务流程包括（　　　）。

    A. 制样　　　B. 赋码　　　　C. 开具　　　　D. 入账

14. 税收票证包括（　　　）。

    A. 税收缴款书　　　　　　　　B. 税收收入退还书

    C. 医疗收费票据　　　　　　　D. 印花税专用税收票证

15. 开具收款收据时填写的基本内容包括（　　　）。

    A. 收款日期　　　　　　　　　B. 交款原因

    C. 交款大写金额　　　　　　　D. 收款人签名

三、判断题

1. 公益事业捐赠票据是指国家机关、公益性事业单位、公益性社会团体和其他公益性组织依法接受公益性捐赠时开具的凭证。（　　　）

2. 电子票据使用期限延长，付款期限自出票日起最长为 3 年，较纸质票据使用期限延长半年。（　　　）

3. 省级以下财政部门负责本行政区域财政票据的申领、发放核销、销毁和监督检查等工作。（　　　）

4. 电子票据的交易，需买卖双方当面交易，时间长、成本高、效率低。（　　　）

5. 电子发票的开票方或受票方，不可以仅以电子形式对发票进行保存，不可以不打印。（　　　）

6. 增值税专用发票不仅限于增值税一般纳税人领购使用。（　　　）

7. 专业发票是一种特殊种类的发票，可由政府和主管部门自行管理，不套印税务机关统一发票监制章，也可根据税务征管的需要纳入统一发票管理。（　　　）

8. 发票具有合法性、真实性、统一性、及时性等特征，是基本的会计原始凭证之一。（　　　）

9. 增值税纳税人购买货物、劳务、服务、无形资产或不动产，索取增值税专用发票时，无须向销售方提供购买方名称。（　　　）

10. 以其他凭证代替发票使用的，由税务机关责令改正，可以处 2 万元以下的罚款；有违法所得的予以没收。（　　　）

11. 虚开发票的，由税务机关没收违法所得，虚开金额在 1 万元以下的，可以并处 5 万元以下的罚款。（　　　）

12. 支票上的金额、日期、收款人名称不得更改，票据金额以中文大写和数码同时记载且二者必须一致，如果违反这些规定，将导致支票无效。（　　　）

13. 支票的背书可以附有条件。（　　　）

14. 汇票根据出票人的不同，分为银行汇票和商业汇票。（　　　）

15. 出票是指汇票付款人承诺在汇票到期日支付汇票金额的票据行为。（　　　）

16. 汇票持票人应当自收到被拒绝承兑或者被拒绝付款的有关证明之日起 5 日内，将被拒绝事由书面通知其前手。（　　　）

17. 本票自出票日起，付款期限不得超过 3 个月。（　　　）

18. 由财政部门向用票单位发放财政电子票据票号，要保证财政电子票据票号唯一性。（　　　）

19. 税收缴款书是纳税人据以缴纳税款，税务机关、扣缴义务人以及代征代售人据以征收、汇总税款的税收票证。（　　　）

20. 收款收据填写完后，须在第三联收款单位处加盖企业的财务专用章或公章。（　　　）

项目二

发票业务

 学习目标

知识目标

1. 掌握蓝字专用发票、红字专用发票的开具方法及开具流程。

2. 掌握发票查询的操作流程。

技能目标

1. 能准确完成增值税电子发票的开具。

2. 能熟练完成增值税电子发票的查询和实际业务处理。

素养目标

1. 提高自主学习、沟通表达、团队合作的通用能力。

2. 培养诚实守信的品质，以及责任意识、规范意识、服务意识。

3. 提升爱岗敬业、严谨细致等素养。

职场情境

山东星河有限公司主要销售电热水壶、电饭锅等小型电器。李丽是税务会计，开票管理、发票开具以及销售退回、销售折让的发票处理，是李丽的重要工作内容。接下来，让我们跟随李丽走进该公司财务部，了解发票业务管理的主要工作任务和具体要求，完成增值税发票的开具、查询等工作流程，开启电子票据技术应用之旅。

公司相关信息如下。

◆ 建账会计期：2022 年 7 月。

◆ 统一社会信用代码/纳税人识别号：91370305805761996Y。

◆ 纳税人类型：一般纳税人。

◆ 经营地址：山东省淄博市临淄区善南街道民府路 6593 号。

◆ 电话：0533-4669798。

◆ 开户行:中国农业银行山东省淄博市临淄区支行(行号 103453023497)。

◆ 开户银行账号：6137030517714525。

◆ 税控盘口令：66666666（默认值）。

◆ 税控盘密码：66666666（默认值）。

◆ 单张开票限额：1 000 000.00 元。

任务一　蓝字专用发票开具

子任务一　不带销货清单和商业折扣的发票开具

一、任务情境

2023 年 3 月 1 日，山东星河有限公司与山东好明亮灯具配件有限公司签订销售合同，合同交予税务会计李丽。请根据以下信息，帮助李丽完成蓝字增值税专用发票（以下简称"蓝字专用发票"）的开具。合同中列明的销售商品信息如表 2-1-1 所示。

表 2-1-1　销售商品信息（电热水壶）

货物名称	规格型号	单位	数量	单价（不含税）	金额
电热水壶	dsh18	个	100	200 元	20 000 元

客户的开票信息如下。

◆　客户名称：山东好明亮灯具配件有限公司。

◆　纳税人类型：一般纳税人。

◆　统一社会信用代码/纳税人识别号：91370104628900493G。

◆　地址：山东省济南市槐荫区黄河路街道民庆路 721 号。

◆　电话：0531-5546259。

◆　邮箱：1683326038@163.com。

◆　开户银行：交通银行山东省济南市槐荫区支行。

◆　开户银行账号：6137010470406040。

操作视频

二、任务实施

（1）李丽登录电子税务局后，在【我要办税】模块下执行【开票业务】—【蓝字发票开具】命令。在【蓝字发票开具】页面，单击【立即开票】按钮，如图 2-1-1 所示。系统默认开具电子发票，票类选择【增值税专用发票】，如图 2-1-2 所示，单击【确定】按钮。

图 2-1-1　立即开票

（2）在【购买方信息】栏选择购买方的名称"山东好明亮灯具配件有限公司"，系统会自动跳出统一社会信用代码/纳税人识别号、购买方地址、电话、购买方开户行、银行账号等信息，如图 2-1-3 所示。

图 2-1-2 选择票类

图 2-1-3 选择购买方信息

（3）根据销售商品信息，依次输入项目名称、规格型号、单位、数量、单价（不含税）、税率/征收率等信息，系统会自动计算出金额（不含税）和税额，如图 2-1-4 所示。

图 2-1-4 开票信息填写（电热水壶）

📝 **提示**

　　实务工作中，纳税人填开发票时，购买方信息可通过已维护的客户信息界面查询勾选，或者提供二维码供购买方扫描填写。项目名称、规格型号、单位、单价等信息也可通过项目信息查询界面选择，从而提高工作效率。

（4）一般情况下，购买方经办人姓名、国籍等信息无须填写，单击【发票开具】按钮，如图2-1-5所示。

经办信息				收起更多^
购买方经办人姓名	国籍	经办人证件类型	经办人证件号码	自然人纳税人识别号
	请选择 ▼	请选择 ▼		

保存草稿　预览发票　**发票开具**

图2-1-5　发票开具

（5）系统显示开票成功，提示"发票已传递至对方数字账户"，如图2-1-6所示。最终得到的开票结果如图2-1-7所示。

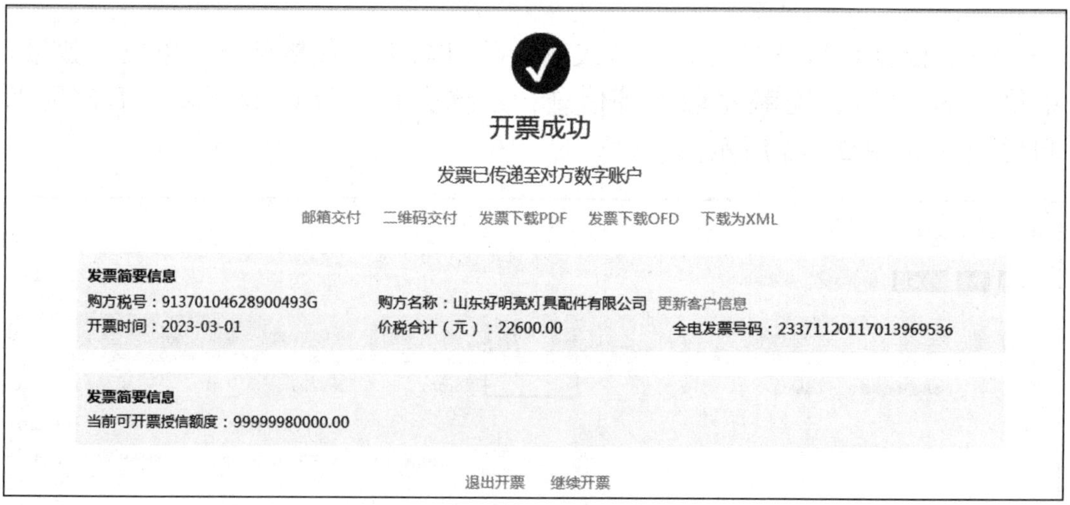

✓

开票成功

发票已传递至对方数字账户

邮箱交付　二维码交付　发票下载PDF　发票下载OFD　下载为XML

发票简要信息
购方税号：91370104628900493G　　购方名称：山东好明亮灯具配件有限公司　更新客户信息
开票时间：2023-03-01　　价税合计（元）：22600.00　　全电发票号码：23371120117013969536

发票简要信息
当前可开票授信额度：99999980000.00

退出开票　继续开票

图2-1-6　开票成功

图 2-1-7 开票结果（电热水壶）

子任务二 带商业折扣的发票开具

一、任务情境

2023 年 3 月 3 日，山东好明亮灯具配件有限公司向山东星河有限公司订购一批电饭锅，因订购数量较大，给予 5% 的商业折扣。请依据业务信息帮助李丽完成蓝字专用发票的开具。

合同中列明的销售商品信息如表 2-1-2 所示。

表 2-1-2 销售商品信息（电饭锅）

货物名称	规格型号	单位	数量	单价（不含税）	金额
电饭锅	Dfg22	个	2000	500 元	1 000 000 元

二、任务实施

（1）李丽登录电子税务局后，在【我要办税】模块下执行【开票业务】—【蓝字发票开具】命令。在【蓝字发票开具】页面，单击【立即开票】按钮，系统默认开具电

操作视频

子发票，票类选择【增值税专用发票】，单击【确定】按钮。

（2）在【购买方信息】栏选择购买方的名称"山东好明亮灯具配件有限公司"，系统会自动跳出统一社会信用代码/纳税人识别号、购买方地址、电话、购买方开户行、银行账号等信息。

（3）根据销售商品信息，依次输入项目名称、规格型号、单位、数量、单价（不含税）、税率/征收率等信息，系统会自动计算出金额（不含税）和税额，如图 2-1-8 所示。

图 2-1-8 开票信息填写（电饭锅）

（4）单击【添加折扣】按钮，打开【添加折扣】窗口。折扣方式选择【按比例折扣】，折扣录入方式选择【批量折扣录入】，折扣比例（%）输入"5"，单击【保存】按钮，如图 2-1-9 所示。返回【开票信息】界面，结果如图 2-1-10 所示。

图 2-1-9 折扣信息录入

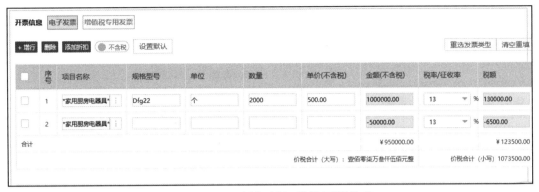

图 2-1-10　添加折扣后的开票信息

（5）单击【发票开具】按钮，系统显示开票成功。开票结果如图 2-1-11
所示。

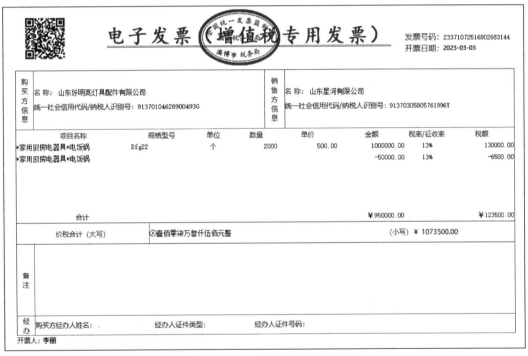

图 2-1-11　开票结果（电饭锅）

子任务三　带销货清单的发票开具

一、任务情境

2023 年 3 月 8 日，山东省五星喜燕销售有限公司向山东星河有限公司订购一批家用电器，信息详见销货清单（见表 2-1-3），根据合同给予 6% 的商业折扣。请依据业务信息帮助李丽完成蓝字专用发票的开具。

表 2-1-3　销货清单

货物名称	规格型号	单位	数量	单价（不含税）	金额
电饭锅	Dfg24	个	200	300 元	60 000 元
电热水壶	dsh18	个	200	60 元	12 000 元
榨汁机	Zzj12	台	300	80 元	24 000 元
电风扇	Dfs11	台	100	100 元	10 000 元
合计					106 000 元

客户的开票信息如下。

◆ 客户名称：山东省五星喜燕销售有限公司。
◆ 纳税人类型：一般纳税人。
◆ 纳税人识别号：9137011208598 4825C。
◆ 地址：山东省济南市历城区善南街道民风路 3699 号。
◆ 电话：0531-3587765。
◆ 邮箱：148726038@163.com。
◆ 开户银行：中国农业银行山东省济南市历城区支行。
◆ 开户银行账号：6137011247428127。

操作视频

👤 二、任务实施

（1）李丽登录电子税务局后，执行【开票业务】—【蓝字发票开具】命令。在【蓝字发票开具】页面，单击【立即开票】按钮，默认开具电子发票，票类选择【增值税专用发票】，单击【确定】按钮。

（2）在【购买方信息】栏选择购买方的名称"山东省五星喜燕销售有限公司"，系统会自动跳出统一社会信用代码/纳税人识别号、购买方地址、电话、购买方开户行、银行账号等信息。

（3）根据销货清单，依次输入项目名称、规格型号、单位、数量、单价（不含税）、税率/征收率，系统会自动计算出金额（不含税）和税额，如图 2-1-12 所示。

图 2-1-12　开票信息填写（第一行）

（4）销货清单上一共有 4 种商品，需开在同一张发票上。单击【+增行】按钮，如图 2-1-13 所示，此处增行次数不受限制，添加商品信息后的结果如图 2-1-14 所示。

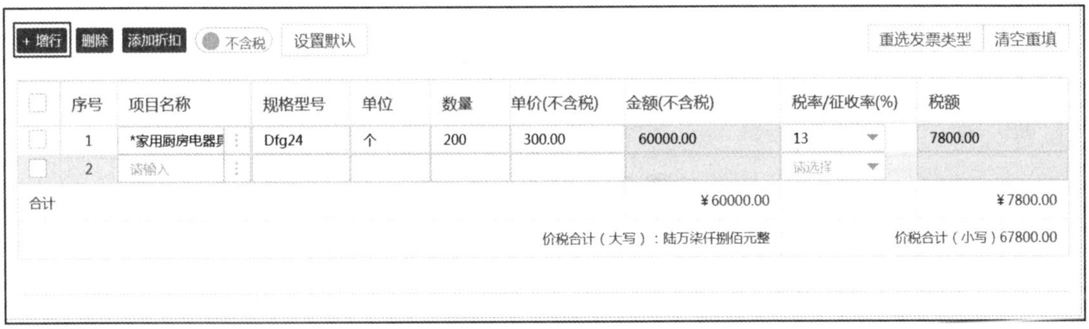

图 2-1-13　增行操作

图 2-1-14　添加商品信息后的结果

（5）单击【发票开具】按钮，系统显示开票成功。开票结果如图 2-1-15 所示。

图 2-1-15 开票结果

任务二 红字专用发票开具

一、任务情境

2023 年 3 月 31 日，山东好明亮灯具配件有限公司收到的一批货物存在质量问题，验收不合格，办理销售退回同时返回 3 月 1 日开具的增值税专用发票（见图 2-1-8）。请根据以下信息，帮助李丽完成红字增值税专用发票（以下简称"红字专用发票"）的开具。

二、知识链接

（一）红字专用发票概述

一般纳税人在开具增值税专用发票后，发生销售退回或者折让、开票有误、应税服务中止等情形，应按国家税务总局的规定开具红字专用发票。未按规定开具红字专用发票的，增值税税额不得从销项税额中扣减。

（二）符合作废条件的（同时符合以下条件）发票作废

（1）收到退回的发票联，抵扣联时间未超过销售方开票当月。

（2）销售方未抄税并且未记账。

（3）购买方未认证或者认证结果为"纳税人识别号认证不符""专用发票代码、号码认证不符"。

（三）需开具红字增值税发票的情况

1. 增值税一般纳税人

增值税一般纳税人开具增值税专用发票后，发生销货退回、开票有误、应税服务中止等情形但不符合发票作废条件，或者因销货部分退回及发生销售折让，需要开具红字专用发票的，按以下方法处理。

（1）购买方取得增值税专用发票已用于申报抵扣的，购买方可在增值税发票管理系统中填开并上传"开具红字增值税专用发票信息表"（以下简称"信息表"），在填开信息表时不填写相对应的蓝字专用发票信息，应暂依信息表所列增值税税额从当期进项税额中转出，待取得销售方开具的红字专用发票后，与信息表一并作为记账凭证。

购买方取得专用发票未用于申报抵扣、但发票联或抵扣联无法退回的，购买方填开信息表时应填写相对应的蓝字专用发票信息。

销售方开具专用发票尚未交付购买方，以及购买方未用于申报抵扣并将发票联及抵扣联退回的，销售方可在增值税发票管理系统中填开并上传信息表。销售方填开信息表时应填写相对应的蓝字专用发票信息。

（2）主管税务机关通过网络接收纳税人上传的信息表，系统自动校验通过后，生成带有红字发票信息表编号的信息表，并将信息同步至纳税人端系统中。

（3）销售方凭税务机关系统校验通过的信息表开具红字专用发票，在增值税发票管理系统中以销项负数开具。红字专用发票应与信息表一一对应。

（4）纳税人也可凭信息表的电子信息或纸质资料到税务机关对其内容进行系统校验。

2. 小规模纳税人

税务机关为小规模纳税人代开专用发票，需要开具红字专用发票的，按照一般纳税人开具红字专用发票的办法处理。

3. 红字增值税普通发票

纳税人需要开具红字增值税普通发票的，可以在所对应的蓝字发票金额范围内开具多份红字发票。红字机动车销售统一发票须与原蓝字机动车销售统一发票一一对应。

操作视频

👤 三、任务实施

（1）李丽执行【开票业务】—【红字发票开具】命令，如图 2-2-1 所示。

图 2-2-1　红字发票开具

（2）单击【红字发票确认信息录入】按钮，在【购/销方选择】下拉框中选择【我是销售方】，选择冲减发票的信息，如图 2-2-2 所示，单击【选择】按钮。

图 2-2-2　选择冲减发票信息

（3）跳转至信息确认界面，设置开具红字发票原因为【销货退回】，单击【提交】按钮，如图 2-2-3 所示。系统显示提交成功，如图 2-2-4 所示。

图 2-2-3　信息确认

图 2-2-4　提交成功

（4）单击【关闭申请】按钮，系统返回红字发票开具界面，如图 2-2-5 所示。单击【红字发票确认信息处理】按钮，进入图 2-2-6 所示界面。

（5）设置购/销方选择、确认单状态、对方纳税人名称、开票日期起、开票日期止、开票状态等查询条件，单击【查询】按钮可查看已开具红字信息表。选择所需的红字发票信息行，如图 2-2-6 所示，单击【查看】按钮，进入图 2-2-7 所示的红字发票确认信息处理界面。单击【确认】按钮，弹窗提示"您确认要通过该项？"，单击【确认】按钮。

图 2-2-5　红字发票确认信息处理

图 2-2-6　查看红字冲减票据信息

图 2-2-7　确认红字冲减票据信息

（6）系统返回红字发票确认信息界面，如图 2-2-8 所示。单击【去开票】按钮，进入红字发票信息界面，如图 2-2-9 所示。单击【开具发票】按钮，系统提示开票成功，如图 2-2-10 所示。

图 2-2-8　去开票

图 2-2-9　开具发票

图 2-2-10　开票成功

（7）单击【查看发票】按钮，最终得到的红字发票如图 2-2-11 所示。

图 2-2-11　最终得到的红字发票

任务三　发票查询

👤 一、任务情境

查询 2023 年 3 月 8 日为山东省五星喜燕销售有限公司开具的发票。

👤 二、任务实施

操作视频

（1）李丽登录电子税务局后，在【我要办税】模块下执行【税务数字账户】命令。在【税务数字账户】页面单击【发票查询统计】按钮，如图 2-3-1 所示。

（2）在【发票查询统计】页面单击【全量发票查询】按钮，如图 2-3-2 所示，可以查询纳税人开具、取得、经办的发票和海关缴款书信息。

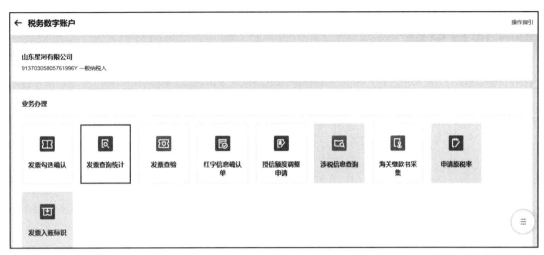

图 2-3-1 发票查询统计

图 2-3-2 全量发票查询

（3）输入筛选条件，单击【查询】按钮，如图 2-3-3 所示。

图 2-3-3 查询发票

项目总结

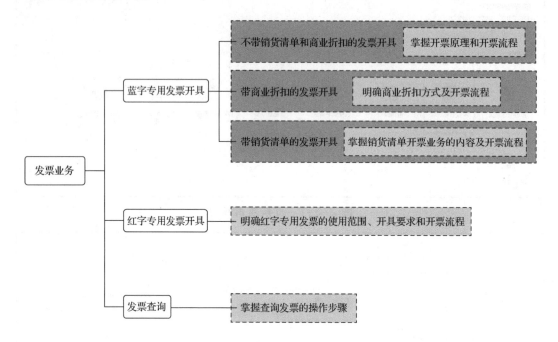

同步练习

一、单选题

1. 增值税专用电子发票开具中，单价是按照（　　）输入的。

A. 含增值税价格　　　　　　B. 零售价

C. 不含增值税价格　　　　　D. 批发价

2. 销售方给予 10% 的商业折扣，当开具带商业折扣的发票时，折扣方式（　　）。

A. 选择【按金额折扣】　　　B. 选择【按比例折扣】

C. 自动选择　　　　　　　　D. 以上都不对

3. 一般纳税人在开具增值税专用发票后，发生销售退回或者折让、开票有误、应税服务中止等情形，应开具（　　）。

A. 红字专用发票　　　　　　B. 蓝字专用发票

C. 退回发票　　　　　　　　D. 以上都不对

4. 购买方取得专用发票未用于申报抵扣、但发票联或抵扣联无法退回的，购买方填开信息表时应填写相对应的（　　）专用发票信息。

A. 红字　　　B. 黑字　　　C. 蓝字　　　D. 都可以

5. 纳税人需要开具红字增值税普通发票的,可以在所对应的蓝字发票（　　）范围内开具多份红字发票。

A. 数量　　　B. 日期　　　C. 税额　　　D. 金额

二、多选题

1. 购买方信息包括（　　）。

A. 购买方名称　　　　　　　B. 购买方开户行

C. 纳税人识别号　　　　　　D. 购买方地址

2. 开票信息包括（　　）。

A. 规格型号　　　　　　　　B. 税率/征收率

C. 数量　　　　　　　　　　D. 单价

3. 以下属于发票作废条件的有（　　）。

A. 销售方未抄税并且未记账　B. 购买方未认证

C. 超过销售方开票当月　　　D. 销售方未抄税但已记账

4. 根据开票申请单的信息,选择项目名称,系统会自动跳转出（　　）。

A. 数量　　　B. 单位　　　C. 规格型号　　D. 公司财务章

5. 若多张发票需红字冲减,可通过（　　）等条件查询发票。

A. 对方纳税人名称　　　　　B. 开票日期

C. 开票状态　　　　　　　　D. 购/销方选择

三、判断题

1. 统一社会信用代码与纳税人识别号是一样的。（　　）

2. 开票成功,系统会提示"发票已传递至对方数字账户"字样。（　　）

3. 带商业折扣的发票开具方法与不带商业折扣的发票开具方法没有区别。（　　）

4. 录入开票信息时金额和税额会自动跳出。（　　）

5. 未按规定开具红字专用发票的,增值税税额直接从销项税额中扣减。（　　）

6. 发票单价、数量、品名等开具错误的,需提供原订单原件。（　　）

7. 开具红字专用发票的原因属于必选项。（　　）

8. 海关缴款书信息在发票查询系统中无法查询。（　　）

同步实训

一、公司简介

企业名称：北京环宇有限公司。

建账会计期：2022 年 6 月。

统一社会信用代码/纳税人识别号：91520124G681321415。

纳税人类型：一般纳税人。

公司经营地址：北京市房山区燕子山路 192 号。

公司经营范围：服装、服饰设计、加工、制作。

电话：010-39512346。

开户行：中国工商银行北京市房山区燕子山支行。

开户银行账号：6229165862033897752。

税控盘口令：66666666（默认值）。

税控盘密码：66666666（默认值）。

单张开票限额：1 000 000.00 元。

二、实训任务

【任务一】2023 年 3 月 1 日，北京环宇有限公司与山东好彩服饰有限公司签订销售合同。请根据以下信息，开具一张不带销货清单和商业折扣的电子发票。

合同中列明的销售商品信息如实训表 2-1 所示。

实训表 2-1 销售商品信息

货物名称	规格型号	单位	数量	单价（不含税）	金额
运动套装	Yd11	套	200	300 元	60 000 元

客户的开票信息如下。

◆ 客户名称：山东好彩服饰有限公司。

◆ 纳税人类型：一般纳税人。

◆ 纳税人识别号：91259847528921658H。

◆ 地址：山东省东营市东营区滨河北路 231 号。

◆ 电话：0546-1234567。

◆ 邮箱：125468038@163.com。

◆ 开户银行：交通银行山东省东营市东营区支行。

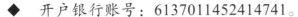

◆ 开户银行账号：6137011452414741。

【任务二】2023 年 3 月 3 日，山东好彩服饰有限公司向北京环宇有限公司订购一批服装，因订购数量较大，给予 4%的商业折扣。请根据业务信息完成带商业折扣的电子发票的开具。

合同中列明的销售商品信息如实训表 2-2 所示。

实训表 2-2 销售商品信息

货物名称	规格型号	单位	数量	单价（不含税）	金额
迷彩服	mc22	套	3000	200 元	600 000 元

【任务三】2023 年 3 月 8 日，北京鸿运有限公司向北京环宇有限公司订购一批服装，销货清单见实训表 2-3，根据合同给予 10%的商业折扣。请依据业务信息完成电子发票的开具。

实训表 2-3 销货清单

货物名称	规格型号	单位	数量	单价（不含税）	金额
运动 T 恤	Yd12	件	300	150 元	45000 元
运动裤	Yd13	条	500	200 元	100 000 元
连帽衫	Lm22	件	500	320 元	160 000 元
连帽衫	Lm25	件	300	480 元	144 000 元
合计					449 000 元

客户的开票信息如下。

◆ 客户名称：北京鸿运有限公司。

◆ 纳税人类型：一般纳税人。

◆ 纳税人识别号：91370112587484548B。

◆ 地址：北京市西城区天宁寺前街 48 号。

◆ 电话：010-52482221。

◆ 邮箱：526926258@163.com。

◆ 开户银行：中国工商银行北京市房山区燕子山支行。

◆ 开户银行账号：6229165862224897879。

【任务四】2023 年 3 月 31 日，北京鸿运有限公司收到一批货物存在质量问题，验收不合格，办理销售退回。请根据以下信息，完成红字专用发票的开具。

收到的蓝字专用发票如实训图 2-1 所示。

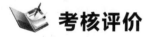

电子发票（增值税专用发票）

发票号码：2311100000012441062
开票日期：2023年03月01日

购买方信息	名　称：北京鸿运有限公司 统一社会信用代码/纳税人识别号：91370112587484548B	销售方信息	名　称：北京环宇有限公司 统一社会信用代码/纳税人识别号：91520124G681321415

项目名称	规格型号	单位	数量	单价	金额	税率/征收率	税额
*服装*运动套装	Ydl1	套	20	300	6000.00	13%	780.00
合计					￥6000.00		￥780.00

价税合计（大写）	⊗陆仟柒佰捌拾元整	（小写）￥6780.00

备注	

开票人：孙兰

实训图 2-1　蓝字专用发票

【任务五】查询 2023 年 3 月 8 日为山东好彩服饰有限公司开具的发票。

考核评价

采用自评、互评、师评相结合的方式，对学习成果、行为表现、技能应用进行评分。

考核项目	分值	考核方式（权重）			得分
		自评 （20%）	互评 （20%）	师评 （60%）	
蓝字专用发票开具情形	10分				
红字专用发票开具情形	10分				
不带销货清单和商业折扣的发票开具	10分				
带商业折扣的发票开具	10分				

续表

考核项目	分值	考核方式（权重）			得分
		自评（20%）	互评（20%）	师评（60%）	
带销货清单的发票开具	10分				
红字专用发票开具	10分				
发票查询	10分				
自主学习	10分				
沟通表达	5分				
团队合作	5分				
6S（整顿、清扫、安全、素养、节约、服务）管理意识	10分				
合计	100分				

项目三

银行业务

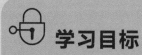 **学习目标**

知识目标

1. 掌握网银转账业务的操作流程。
2. 掌握电子商业汇票的开具流程。

技能目标

1. 能准确完成网银转账业务的操作。
2. 能熟练完成电子银行承兑汇票和电子商业承兑汇票的开具。

素养目标

1. 提高自主学习、沟通表达、自我管理的通用能力。
2. 培养质量意识和数据思维。
3. 提升爱岗敬业、严谨细致等职业素养。

职场情境

　　山东星河有限公司日常与银行往来密切。随着社会的发展与进步，网银转账与电子商业票据的开具逐渐成为企业通过银行进行资金支付的重要形式。现在我们与财务部门出纳刘芳一起来看一下银行业务的具体操作流程吧！

任务一 网银转账业务

👤 一、任务情境

　　2023 年 3 月 14 日，山东星河有限公司向山东立新有限公司采购玻璃，出纳刘芳需要以网银转账的方式进行付款，合同中列明的采购材料信息如表 3-1-1 所示。

表 3-1-1 采购材料信息

材料名称	规格型号	单位	数量	单价	税率	金额
玻璃	10mm×2mm	m²	200	20 元	13%	4520 元

　　客户信息如下。

- ◆ 客户名称：山东立新有限公司。
- ◆ 纳税人类型：一般纳税人。
- ◆ 纳税人识别号：912103618L20191130。
- ◆ 地址：临沂市河东区新兴路 125 号。
- ◆ 电话：0539-3991866。
- ◆ 邮箱：3712594179@163.com。
- ◆ 开户银行：中国建设银行股份有限公司河东区支行。
- ◆ 开户银行账号：4367421253648453319。

👤 二、知识链接

　　网银是网上银行的简称，又称网络银行、在线银行或电子银行，是各银行在互联网中设立的虚拟柜台。银行利用互联网技术向客户提供开户、转账、信贷、网上证券等服务项目，使客户足不出户就能够安全便捷地管理账户。

　　网银转账是通过网上银行把账户资金转到其他账户的支付结算行为。

👤 三、任务实施

　　（1）刘芳进入网银登录界面，以"资金管理"的身份单击【立即登录】按钮，如图 3-1-1 所示。

操作视频

图 3-1-1　网银登录界面

　　（2）在企业网银界面，单击左侧列表中的【付款录入】按钮，如图 3-1-2 所示。依次录入付款人信息、收款人信息、款项信息，单击【确定】按钮，如图 3-1-3 所示。

图 3-1-2　付款录入

图 3-1-3　单笔付款信息填写

（3）系统跳转至单笔付款信息确认界面，单击【确定】按钮，如图 3-1-4 所示。如果信息有误，单击【重新录入】按钮返回上一个界面可进行信息修改。

图 3-1-4　单笔付款信息确认

（4）确认信息后，系统提示"您已成功录入一笔付款信息"，如图 3-1-5 所示。单击【查看已录信息】按钮，已录入的付款信息如图 3-1-6 所示。

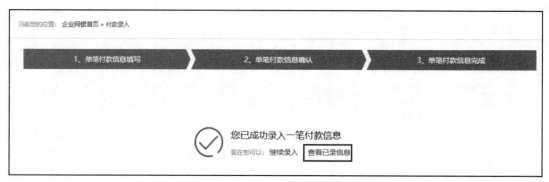

图 3-1-5　查看已录信息

图 3-1-6　已录入的付款信息

（5）返回网银登录界面，切换身份至"财务主管"，如图 3-1-7 所示，单击【立即登录】按钮。

图 3-1-7　切换岗位登录

（6）单击左侧列表中的【单笔授权】按钮，在右侧【已录入的付款信息】栏单击【授权】按钮，如图 3-1-8 所示。信息审核无误后，单击【授权通过】按钮，如图 3-1-9 所示，即可完成网银转账付款业务。

图 3-1-8 授权

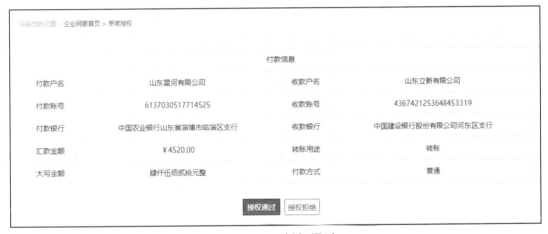

图 3-1-9 授权通过

任务二 电子票据业务

子任务一 开具电子银行承兑汇票

一、任务情境

2023 年 3 月 19 日，山东星河有限公司向河南金宇有限公司购买大批 304 不锈钢，合同中明确可以采用电子银行承兑汇票进行支付。山东星河有限公司已收到河南金宇有限公司开出的增值税专用发票，请根据以下信息，帮助刘芳完成电子银行承兑汇票的开具。合同中列明的采购材料信息如表 3-2-1 所示。

表 3-2-1 采购材料信息

材料名称	规格型号	单位	数量	单价	税率	金额
304 不锈钢	200mm×1mm	吨	20	10 800 元	13%	244 080 元

客户信息如下。

◆ 客户名称：河南金宇有限公司。
◆ 纳税人类型：一般纳税人。
◆ 纳税人识别号：912235512G89222438。
◆ 地址：河南省平顶山市石龙区保胜路 5 号。
◆ 电话：0375-6551327。
◆ 邮箱：13512533575@163.com。
◆ 开户银行：中国银行股份有限公司石龙区支行（行号 315277）。
◆ 开户银行账号：6227609512368422725。

操作视频

二、任务实施

（1）刘芳进入网银登录界面，以"资金管理"的身份单击【立即登录】按钮。

（2）在企业网银界面，单击左侧列表中的【电子票据申请】—【出票】按钮，然后单击【新建出票】按钮，如图 3-2-1 所示。

图 3-2-1 电子票据申请

（3）选择电子票据类型为【银行承兑汇票】，依次录入出票人信息、收票人信息、承兑人信息、票据信息、其他信息，单击【提交】按钮，如图 3-2-2 所示。

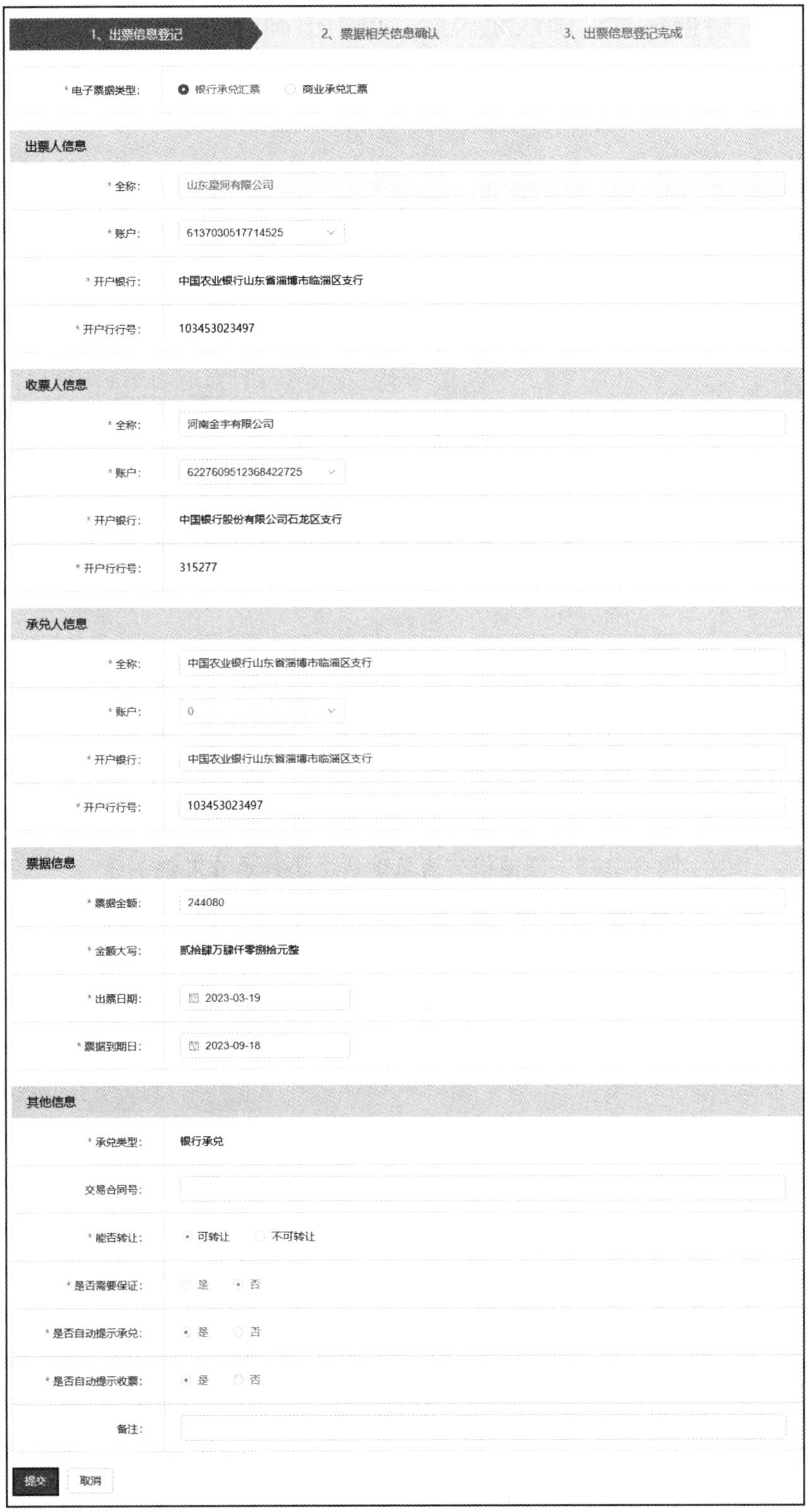

1、出票信息登记	2、票据相关信息确认	3、出票信息登记完成

*电子票据类型:　◉ 银行承兑汇票　○ 商业承兑汇票

出票人信息

*全称:　山东晟河有限公司

*账户:　6137030517714525

*开户银行:　中国农业银行山东省淄博市临淄区支行

*开户行行号:　103453023497

收票人信息

*全称:　河南金宇有限公司

*账户:　6227609512368422725

*开户银行:　中国银行股份有限公司石龙区支行

*开户行行号:　315277

承兑人信息

*全称:　中国农业银行山东省淄博市临淄区支行

*账户:　0

*开户银行:　中国农业银行山东省淄博市临淄区支行

*开户行行号:　103453023497

票据信息

*票据金额:　244080

*金额大写:　贰拾肆万肆仟零捌拾元整

*出票日期:　2023-03-19

*票据到期日:　2023-09-18

其他信息

*承兑类型:　银行承兑

交易合同号:

*能否转让:　• 可转让　○ 不可转让

*是否需要保证:　○ 是　• 否

*是否自动提示承兑:　• 是　○ 否

*是否自动提示收票:　• 是　○ 否

备注:

[提交]　[取消]

图 3-2-2　出票信息登记（银行承兑汇票）

（4）核对票据信息，确认无误后，单击【确定】按钮，如图 3-2-3 所示。

电子银行承兑汇票

| 出票日期： | 2023-03-19 | | | | | | 票据状态： | | | | | | | | | | |
| 汇票到期日： | 2023-09-18 | | | | | | 票据号码： | | | | | | | | | | |

出票人	全称	山东星河有限公司	收票人	全称	河南金宇有限公司										
	账号	6137030517714525		账号	6227609512368422725										
	开户行	中国农业银行山东省淄博市临淄区支行		开户银行	中国银行股份有限公司石龙区支行										

出票保证信息	保证人名称：		保证人地址：		保证日期：									

票据金额	人民币（大写）：贰拾肆万肆仟零捌拾元整	十	亿	千	百	十	万	千	百	十	元	角	分
						￥	2	4	4	0	8	0	0	0

承兑人信息	全称	中国农业银行山东省淄博市临淄区支行	开户行名称	中国农业银行山东省淄博市临淄区支行
	账号	0	开户行行号	103453023497

交易合同号		承兑信息	出票人承诺：本汇票请予以承兑，到期无条件付款
能否转让	可转让		承兑人承兑：本汇票已经承兑，到期无条件付款
			承兑日期：

承兑保证信息	保证人名称：		保证人地址：		保证日期：

评级信息（由出票人、承兑人自己记载，仅供参考）	出票人	评级主体：	信用等级：	评级到期日：
	承兑人	评级主体：	信用等级：	评级到期日：

备注	

图 3-2-3　票据相关信息确认（银行承兑汇票）

（5）系统提示"您已成功录入一笔出票登记信息"，如图 3-2-4 所示。单击【返回列表】按钮，可通过单击【查看】按钮查看票据信息。

图 3-2-4　出票信息登记完成（银行承兑汇票）

（6）返回网银登录界面，切换身份至"财务主管"，单击【立即登录】

按钮，进入企业网银界面。依次单击左侧列表中的【电子票据复核】—【出票】按钮，在右侧出票信息列表中先单击【查看】按钮，审核票据信息，如图3-2-5所示。确认无误后，单击【授权】按钮。

图 3-2-5 授权（银行承兑汇票）

（7）再次确认票据信息后，依次单击【通过】—【确认】按钮，系统显示"提示收票已签收"，如图3-2-6所示，即完成电子银行承兑汇票的开具。

序号	票据号码	票据类型	票面金额	出票日期	到期日期	收票人	承兑人	票据状态	操作
1	1564946	银行承兑汇票	244080	2023-03-19	2023-09-18	河南金宇有限公司	中国农业银行山东省淄博市临淄区支行	提示收票已签收	查看

图 3-2-6 提示收票已签收（银行承兑汇票）

子任务二 开具电子商业承兑汇票

👤 一、任务情境

2023年3月21日，山东星河有限公司根据合同的要求，向湖北东升股份有限公司购买全自动电水壶生产线，采用电子商业承兑汇票进行支付。请根据以下信息，帮助刘芳完成电子商业承兑汇票的开具。合同中列明的机器设备信息如表3-2-2所示。

表 3-2-2　机器设备信息

机器设备名称	规格型号	单位	数量	单价	税率	金额
全自动电水壶生产线	—	部	1	300 000 元	13%	339 000 元

客户信息如下。

◆　客户名称：湖北东升股份有限公司。

◆　纳税人类型：一般纳税人。

◆　纳税人识别号：91232986M289224123。

◆　地址：湖北省孝感市孝昌县柳溪路 28 号。

◆　电话：0712-421395。

◆　邮箱：16923619852@163.com。

◆　开户银行:中国工商银行股份有限公司孝昌支行(行号 02289523)。

◆　开户银行账号：6222351266978241251。

操作视频

👤 二、任务实施

（1）刘芳进入网银登录界面，以"资金管理"的身份单击【立即登录】按钮，进入企业网银界面。选择左侧列表中的【电子票据申请】命令，单击【新建出票】按钮。

（2）选择电子票据类型为【商业承兑汇票】，依次录入出票人信息、收票人信息、承兑人信息、票据信息、其他信息，单击【提交】按钮，如图 3-2-7 所示。

（3）核对票据信息，确认无误后，单击【确定】按钮，如图 3-2-8 所示。

（4）系统提示"您已成功录入一笔出票登记信息"，单击【返回列表】按钮，可通过单击【查看】按钮查看票据信息。

（5）返回网银登录界面，切换身份至"财务主管"，单击【立即登录】按钮，进入企业网银界面。依次单击左侧列表中的【电子票据复核】—【出票】按钮，在右侧出票信息列表中先单击【查看】按钮，审核票据信息，确认无误后，单击【授权】按钮，如图 3-2-9 所示。

（6）再次确认票据信息后，依次单击【通过】—【确认】按钮，系统显示"提示收票已签收"，如图 3-2-10 所示，即完成电子商业承兑汇票的开具。

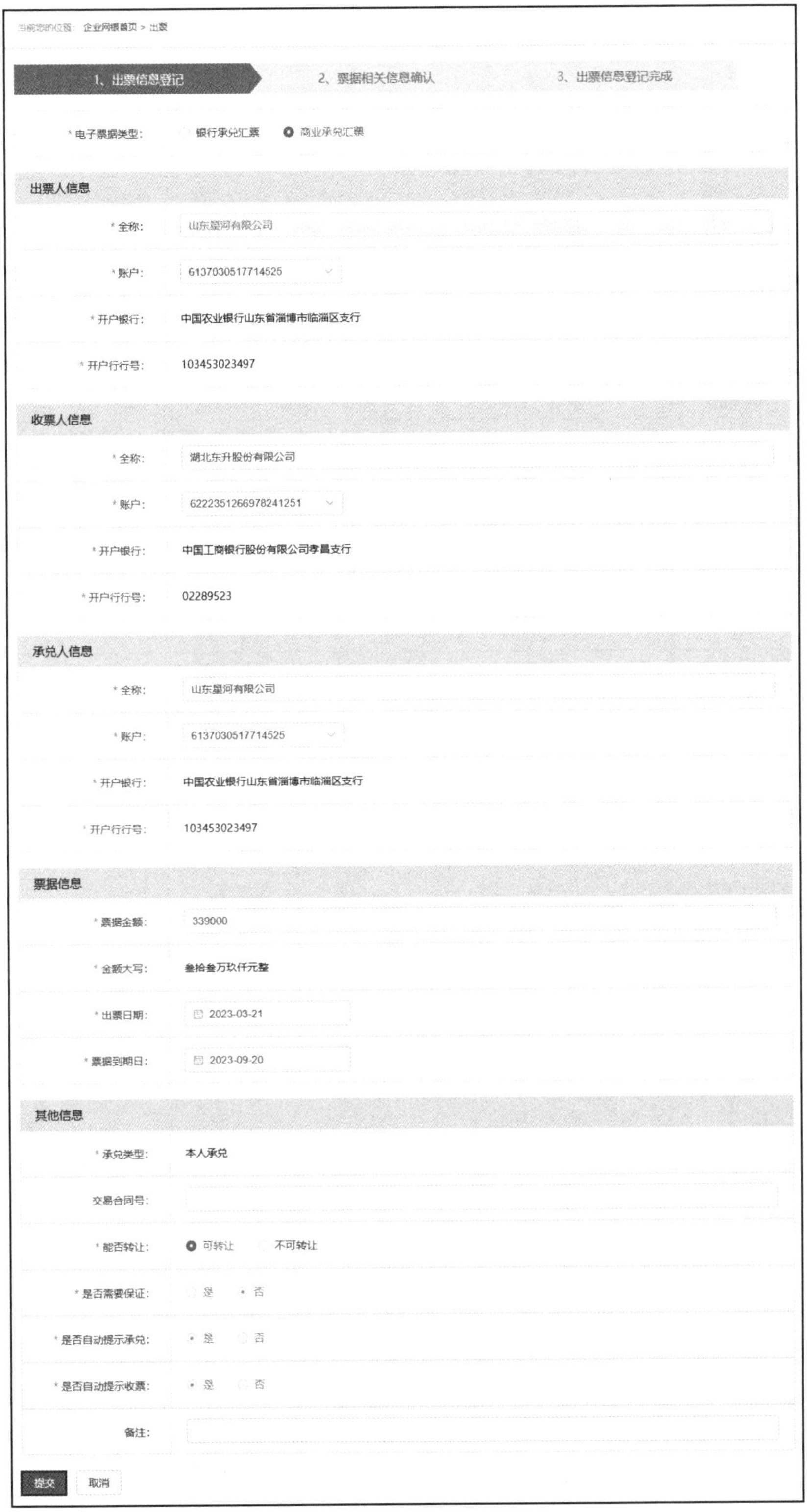

图 3-2-7 出票信息登记（商业承兑汇票）

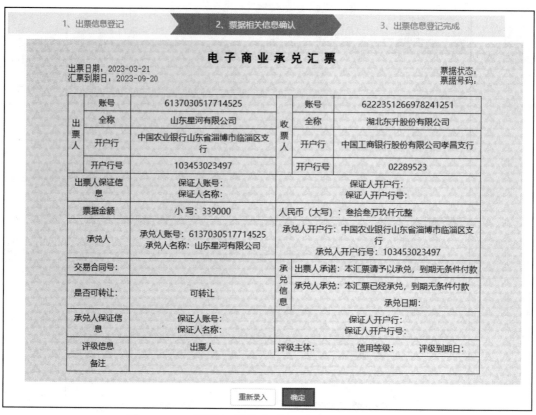

图 3-2-8　票据相关信息确认（商业承兑汇票）

图 3-2-9　授权（商业承兑汇票）

序号	票据号码	票据类型	票面金额	出票日期	到期日期	收票人	承兑人	票据状态	操作
1	2889405	商业承兑汇票	339000	2023-03-21	2023-09-20	湖北东升股份有限公司	山东星河有限公司	提示收票已签收	查看

图 3-2-10　提示收票已签收（商业承兑汇票）

项目总结

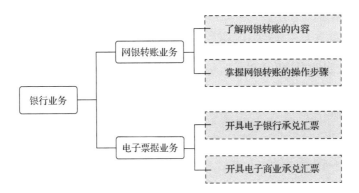

同步练习

一、单选题

1. 网银转账是通过网上银行把（　　　）转到其他账户的支付结算行为。

　　A．手机号码　　　　　　　　B．账户信息

　　C．身份证号　　　　　　　　D．账户资金

2. 打开企业网银界面，单击左侧列表中的（　　）按钮可以录入信息，进行付款业务办理。

　　A．【付款录入】　　　　　　B．【单笔维护】

　　C．【电子票据申请】　　　　D．【电子票据查询】

3. 系统跳转至单笔付款信息确认界面后，如果发现信息有误，单击（　　）按钮可进行信息修改。

　　A．【确定】　　　　　　　　B．【重新录入】

　　C．【返回】　　　　　　　　D．【重新登录】

4. 系统提示"您已成功录入一笔付款信息"后，如需查看已录入的付款信息，可单击（　　　）按钮。

　　A．【继续录入】　　　　　　B．【确定】

　　C．【查看已录信息】　　　　D．【重新录入】

5. 进行电子票据申请时，需要在左侧列表中单击【电子票据申请】—（　　）按钮，然后单击【新建出票】按钮完成。

　　A．【出票】　　　　　　　　B．【电票签收】

　　C．【背书转让】　　　　　　D．【贴现】

二、多选题

1. 网银是银行利用互联网技术向客户提供（　　　）等服务项目的虚拟柜台。
   A. 开户　　　　B. 转账　　　　C. 信贷　　　　D. 网上证券
2. 网银付款时需要依次录入的信息有（　　　）。
   A. 付款人信息　　　　　　　B. 收款人信息
   C. 款项信息　　　　　　　　D. 票据信息
3. 电子商业汇票又可以分为（　　　）。
   A. 电子银行汇票　　　　　　B. 电子银行承兑汇票
   C. 电子企业汇票　　　　　　D. 电子商业承兑汇票
4. 电子银行承兑汇票需要录入的信息包括（　　　）。
   A. 出票人信息　　　　　　　B. 收票人信息
   C. 承兑人信息　　　　　　　D. 票据信息
5. 电子商业承兑汇票需要录入的信息包括（　　　）。
   A. 出票人信息　　　　　　　B. 收票人信息
   C. 承兑人信息　　　　　　　D. 票据信息

三、判断题

1. 确认票据信息后，单击【通过】—【确认】按钮，系统显示"提示收票已签收"，可完成电子银行承兑汇票的开具。（　　　）
2. 执行银行业务命令，登录网银付款界面，以"资金管理"的身份，可进行电子票据的申请。（　　　）
3. 票据信息确认后，切换岗位至"资金管理"，可进行电子票据的复核。（　　　）
4. 银行承兑汇票就是银行汇票。（　　　）
5. 网银转账是通过网上银行把账户资金转到其他账户的支付结算行为。（　　　）

📖 同步实训

【任务一】2023 年 6 月 25 日，北京环宇有限公司与河南彩翊有限公司签订购货合同，合同要求北京环宇有限公司使用网银转账方式进行付款。请根据以下信息完成业务操作。

客户信息如下。

◆　客户名称：河南彩翊有限公司。

◆　纳税人类型：一般纳税人。

◆　纳税人识别号：912235512Y12557522。

◆　地址：河南省平顶山市杨柳路 22 号。

◆　电话：0375-63222159。

◆　邮箱：13512512345@163.com。

◆　开户银行：中国银行股份有限公司杨柳支行（行号 315277）。

◆　开户银行账号：6227609512368352271。

购货信息如实训表 3-1 所示。

实训表 3-1　购货信息

材料名称	规格型号	单位	数量	单价	税率	金额
法兰绒	1.65m×400g	m	200	15 元	13%	3390 元

【任务二】2023 年 6 月 26 日，北京环宇有限公司向河南大发有限公司购买大批材料，购货信息见实训表 3-2，合同中明确北京环宇有限公司可以采用电子银行承兑汇票进行支付。请根据以下信息，完成电子银行承兑汇票的开具。

客户信息如下。

◆　客户名称：河南大发有限公司。

◆　纳税人类型：一般纳税人。

◆　纳税人识别号：912235512Y12535199。

◆　地址：河南省平顶山市惠明路 135 号。

◆　电话：0375-63221358。

◆　邮箱：13512935215@163.com。

◆　开户银行：中国银行股份有限公司惠明支行（行号 315399）。

◆　开户银行账号：6227609512332258168。

实训表 3-2　购货信息

材料名称	规格型号	单位	数量	单价	税率	金额
牛津布	300D	m	200	500 元	13%	113 000 元
雪纺布	—	m	3000	13 元	13%	44 070 元
合计						157 070 元

 **考核评价**

采用自评、互评、师评相结合的方式，对学习成果、行为表现、技能应用进行评分。

考核项目	分值	考核方式（权重）			得分
		自评 （20%）	互评 （20%）	师评 （60%）	
网银转账付款录入	20分				
财务主管授权操作	15分				
电子票据申请	20分				
出票信息登记	20分				
沟通表达	10分				
资料整理	5分				
6S管理意识	10分				
合计	100分				

项目四

票据的整理与录入

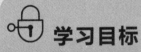 **学习目标**

知识目标

1. 掌握票据的整理方法。

2. 掌握票据录入的基本操作流程。

技能目标

1. 能准确完成票据的整理。

2. 能熟练完成不同类别票据的录入。

素养目标

1. 提高信息检索与处理、理解与表达、统筹协调的通用能力。

2. 培养诚实守信的品质，以及保密意识、效率意识。

3. 提升爱岗敬业、严谨细致等职业素养。

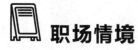 **职场情境**

北京海角旅游有限公司2023年1月发生了多笔业务，为了保证企业财务记录的准确性和完整性，便于管理层及时了解财务状况，做出正确的决策，现需要财务部门出纳对本月全部业务所涉及票据进行整理后上传至系统，并按要求录入相关内容。接下来，让我们跟随出纳刘芳的脚步，了解票据分类与整理的具体要求，完成票据的整理与录入工作。

任务一 票据整理业务

👤 一、任务情境

2023年2月1日，财务部门出纳刘芳收到本公司1月所有业务票据，现需要根据1月所发生的业务，完成票据的整理。

👤 二、知识链接

一般企业业务类型有9类，一般企业业务类型、内容及票据如表4-1-1所示。

表 4-1-1 一般企业业务类型、内容及票据

业务类型	业务内容	票据名称
销售类	销售商品、销售原材料等	发票（记账联）等
收款类	销售收款、提供应税服务等	银行业务回单（收款）凭证等
转款类	支付货款、存/取现等	银行业务回单（付款）凭证、国内支付业务收/付款回单等
采购类	采购商品、采购原材料等	发票（发票联）等
费用类	房屋租赁费、物业管理费、快递费、燃油费、差旅费、业务招待费、会计服务费等	报销单、发票（发票联）等

续表

业务类型	业务内容	票据名称
付款类	支付货款、支付银行手续费、缴纳税费等	银行业务回单（付款）凭证、银行电子缴税付款凭证等
工资类	计提工资、发放工资等	工资汇总表、工资明细表等
成本类	领用材料、产成品入库等	出库单、库存相关单据等
其他类	盘亏/盘盈业务、结转未交增值税等	盘亏/盘盈计算表、未交增值税计算表等

　　根据表 4-1-1 所示业务类型及业务内容等，对公司 1 月业务票据进行整理，为后期票据的录入做好准备。

👤 三、任务实施

　　（1）刘芳进入影像整理界面，根据业务票据左上角的编号，录入票据编号"1"，如图 4-1-1 所示。

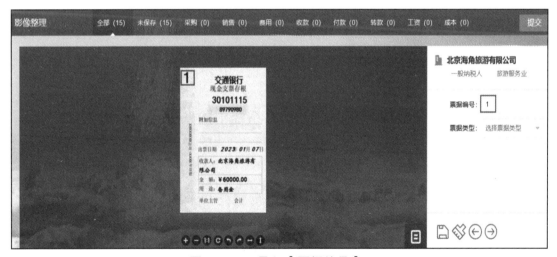

图 4-1-1　录入【票据编号】

　　（2）根据财务共享中心记账规则，在【票据类型】下拉框中选择【转款】，单击【保存】按钮，如图 4-1-2 所示。依次设置其他票据，即可完成票据整理工作。

图 4-1-2 选择【票据类型】

✎ **提示**

选择【票据类型】后，系统会自动跳出需要录入的信息，不同票据类型对应录入的信息有所差异，应根据具体票据判断填写。

任务二 票据录入业务

👤 一、任务情境

根据出纳刘芳整理的业务票据，对系统中的票据进行录入。

👤 二、任务实施

系统将票据分为销售类、收款类、转款类、采购类、费用类、付款类、工资类、成本类、其他类，共9类。

下面分别说明不同票据类别的录入事项及基本操作流程。

（一）销售类票据

根据系统要求，录入销售类票据时，必须录入票据类型、现金结算、现金金额、业务类型、往来单位、业务特征、未税金额、税率、税额、价税合计等信息。

（1）刘芳执行【销售类票据录入】命令，打开智能凭证登录界面，根据电子发票（普通发票）销售方信息和主体企业信息一致，判断该票据为销售类票据，如图 4-2-1 所示。

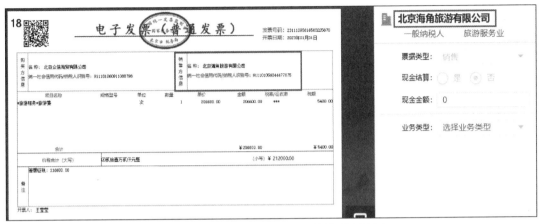

图 4-2-1　判断票据类型（销售类票据）

（2）在【业务类型】下拉框中选择【应税收入】，如图 4-2-2 所示，系统会弹出往来单位、业务特征、未税金额、税率、税额、价税合计等参数。

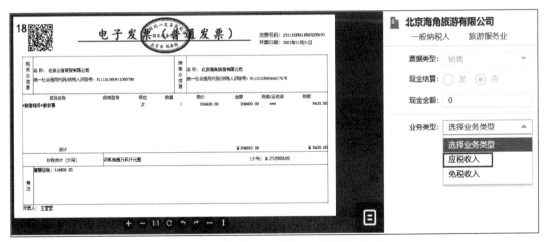

图 4-2-2　选择业务类型（销售类票据）

（3）根据发票上的购买方信息，选择往来单位为"北京众信商贸有限公司"，如图 4-2-3 所示。在【业务特征】下拉框中选择【服务收入】，如图 4-2-4 所示。根据发票上的金额、税额等信息，填写未税金额、税率、税额，系统会自动核算出价税合计，如图 4-2-5 所示。

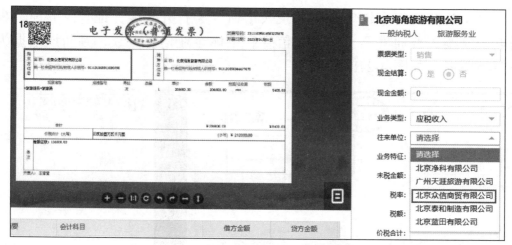

图 4-2-3　选择往来单位（销售类票据）

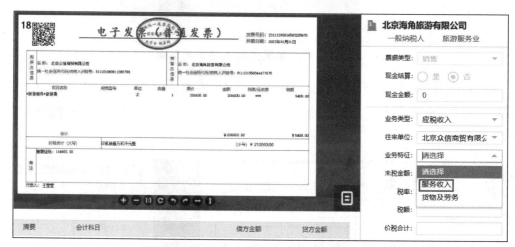

图 4-2-4　选择业务特征（销售类票据）

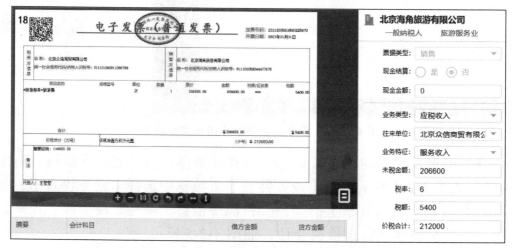

图 4-2-5　填写未税金额、税率等（销售类票据）

（4）单击【保存】按钮，即完成销售类票据录入工作，如图 4-2-6 所示。

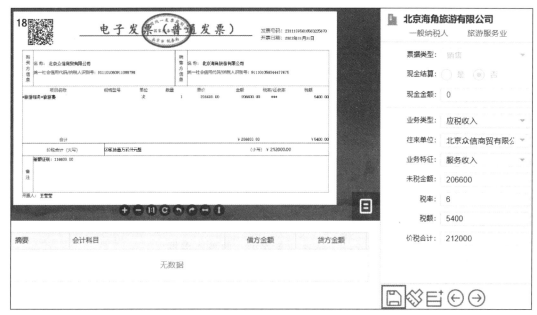

图 4-2-6　完成销售类票据录入

（二）收款类票据

根据系统要求，录入收款类票据时，必须录入票据类型、资金账户、业务类型、往来单位、收款金额。

（1）刘芳执行【收款类票据录入】命令，打开智能凭证登录界面，根据票据名称判断该票据为收款类票据，如图 4-2-7 所示。

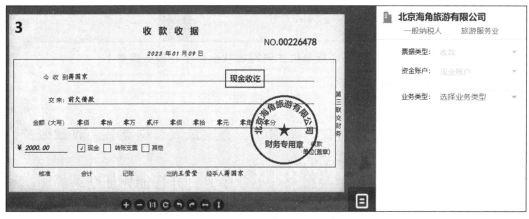

图 4-2-7　判断票据类型（收款类票据）

（2）根据收款收据上列明的"交来前欠借款"，在【业务类型】下拉框中选择【收回借款】，如图4-2-8所示。

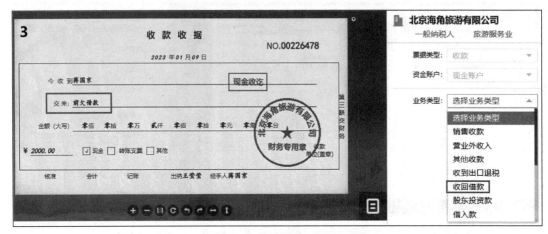

图 4-2-8　选择业务类型（收款类票据）

（3）在【往来单位】下拉框中选择【蒋国京】，并填写收款金额，如图4-2-9所示。最后，单击【保存】按钮，即完成收款类票据录入工作。

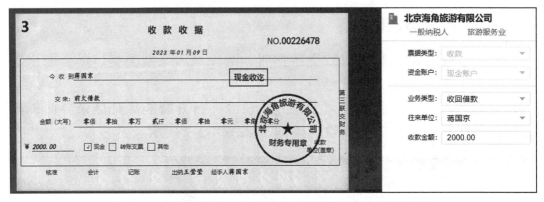

图 4-2-9　选择往来单位并填写收款金额（收款类票据）

（三）转款类票据

根据系统要求，录入转款类票据时，必须录入票据类型、收款账户、付款账户、业务类型、转款金额。

（1）刘芳执行【转款类票据录入】命令，打开智能凭证登录界面，根据票据名称"现金支票存根"，判断该票据为转款类票据，如图 4-2-10所示。

图 4-2-10 判断票据类型（转款类票据）

（2）在【业务类型】下拉框中选择【取现】，如图 4-2-11 所示。根据票据的金额，填写转款金额，如图 4-2-12 所示。最后，单击【保存】按钮，即完成转款类票据录入工作。

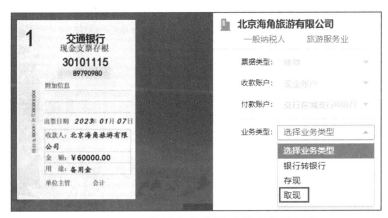

图 4-2-11 选择业务类型（转款类票据）

图 4-2-12 填写转款金额（转款类票据）

（四）采购类票据

根据系统要求，录入采购类票据时，必须录入票据类型、现金结算、现金金额、业务类型、往来单位、发票抵扣、未税金额、税率、税额、价税合计。

（1）刘芳执行【采购类票据录入】命令，打开智能凭证登录界面，根据电子发票（普通发票）购买方信息和主体企业信息一致，项目名称为"*住宿服务*住宿费"，判断该票据为采购类票据，如图 4-2-13 所示。

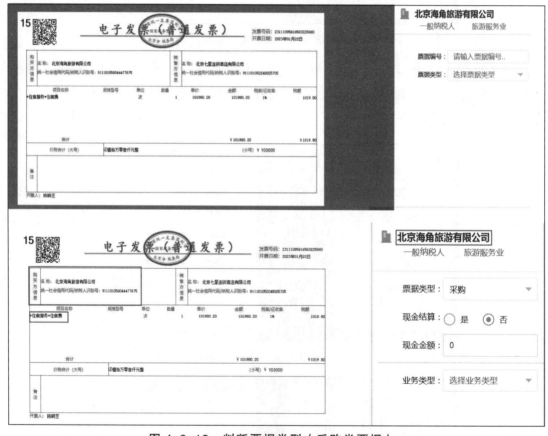

图 4-2-13 判断票据类型（采购类票据）

（2）根据发票信息，在【业务类型】下拉框中选择【服务成本】，如图 4-2-14 所示。

（3）根据发票上销售方信息，在【往来单位】下拉框中选择【北京七星连锁酒店有限公司】，在【发票抵扣】下拉框中选择【其他不得抵扣】，如图 4-2-15 所示。根据发票上的金额、税额等，填写价税合计，如图 4-2-16

所示。最后，单击【保存】按钮，即完成采购类票据录入工作。

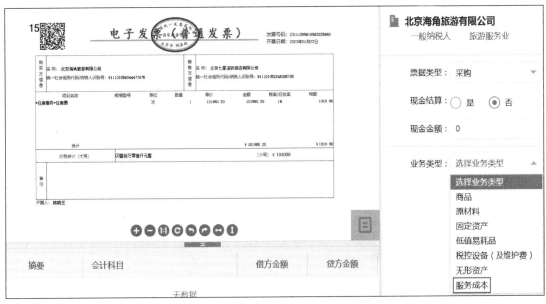

图 4-2-14　选择业务类型（采购类票据）

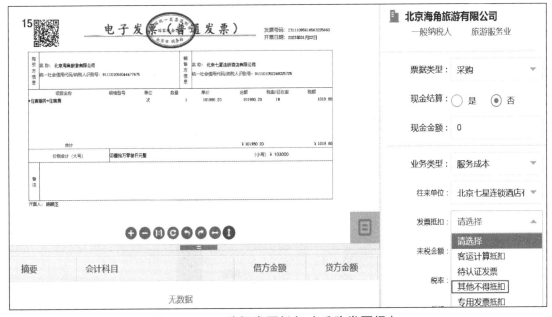

图 4-2-15　选择发票抵扣（采购类票据）

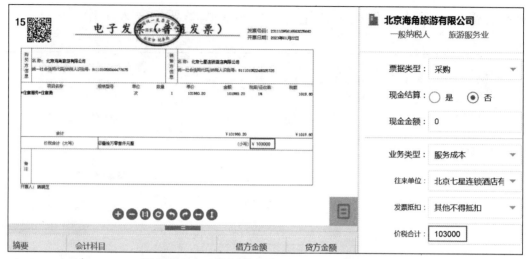

图 4-2-16　填写价税合计（采购类票据）

（五）费用类票据

根据系统要求，录入费用类票据时，必须录入票据类型、现金结算、现金金额、业务类型、部门、费用详情、发票抵扣、未税金额、税率、税额、价税合计。

（1）刘芳执行【费用类票据录入】命令，打开智能凭证登录界面，根据电子发票（增值税专用发票）购买方信息和主体企业信息一致，项目名称为"*文具*管理夹"，判断该票据为费用类票据。选择【现金结算】，并录入现金金额"1130"元，如图 4-2-17 所示。

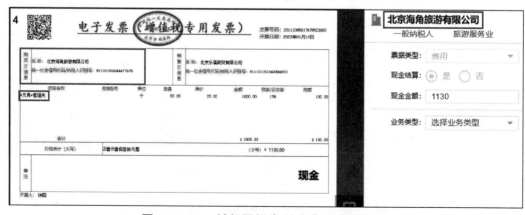

图 4-2-17　判断票据类型（费用类票据）

（2）在【业务类型】下拉框中选择【期间费用】，没有特殊说明的情况下，该业务属于管理部门发生的办公费，在【部门】下拉框中选择【管理部】，在【费用详情】下拉框中选择【办公费】，如图 4-2-18 所示。

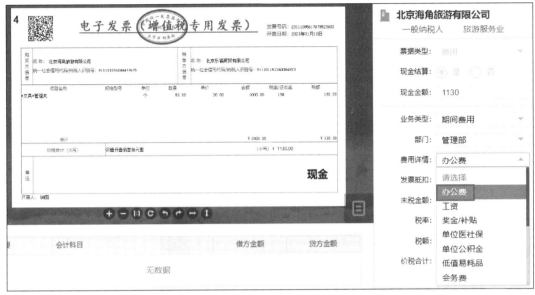

图 4-2-18 票据信息录入（费用类票据）

（3）主体企业是一般纳税人，取得电子发票（增值税专用发票），进项税额可以抵扣，在【发票抵扣】下拉框中选择【专用发票抵扣】，根据发票的金额，填写未税金额、税率，系统会自动计算出税额、价税合计，如图 4-2-19 所示。单击【保存】按钮，即完成费用类票据录入工作。

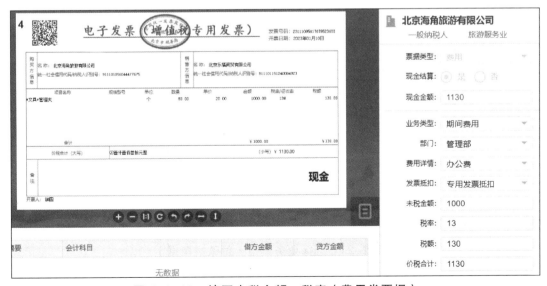

图 4-2-19 填写未税金额、税率（费用类票据）

（六）付款类票据

根据系统要求，录入付款类票据时，必须录入票据类型、资金账户、业务类型、往来单位、发生金额、手续费。

（1）刘芳执行【付款类票据录入】命令，打开智能凭证登录界面，根据电子回单凭证上的借贷标志为"借记"，判断该票据为付款类票据，如图 4-2-20 所示。

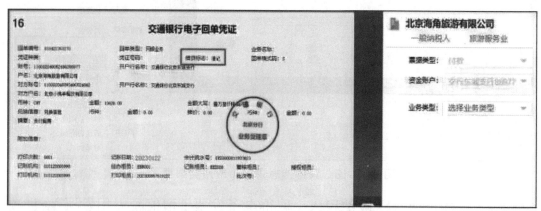

图 4-2-20　判断票据类型（付款类票据）

（2）根据电子回单凭证上面的摘要显示"支付餐费"，在【业务类型】下拉框中选择【采购（费用）付款】，如图 4-2-21 所示。

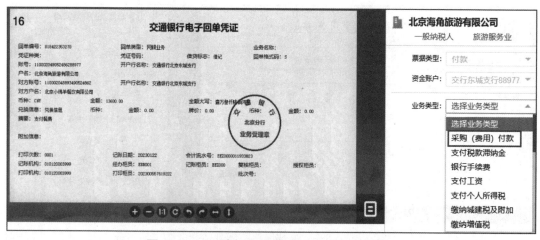

图 4-2-21　选择业务类型（付款类票据）

（3）根据票据上对方户名，在【往来单位】下拉框中选择【北京小绵羊餐饮有限公司】，并填写发生金额，如图 4-2-22 所示。最后，单击【保存】按钮，即完成付款类票据录入工作。

图 4-2-22　填写发生金额（付款类票据）

（七）工资类票据

根据系统要求，录入工资类票据时，必须录入票据类型、现金结算、现金金额、业务类型、应发工资、代扣社保、代扣公积金、代扣个税、实发工资。

（1）刘芳执行【工资类票据录入】命令，打开智能凭证登录界面，根据 1 月员工工资明细表判断该票据为工资类票据，如图 4-2-23 所示。

姓名	应付工资	养老保险	医疗保险	失业保险	住房公积金	三险一金合计	其他专项扣除	个人所得税	扣款合计	实发工资
吴方	15000.00	480.00	200.00	20.00	1000.00	1700.00	3000.00	159.00	1859.00	13141.00
方超凡	8000.00	480.00	200.00	20.00	1000.00	1700.00	2000.00	0.00	1700.00	6300.00
徐景	8500.00	480.00	200.00	20.00	1000.00	1700.00	2000.00	0.00	1700.00	6800.00
何虹霖	9000.00	480.00	200.00	20.00	1000.00	1700.00	2000.00	9.00	1709.00	7291.00
蒋国京	9100.00	480.00	200.00	20.00	1000.00	1700.00	2000.00	12.00	1712.00	7388.00
王馨馨	8600.00	480.00	200.00	20.00	1000.00	1700.00	2000.00	0.00	1700.00	6900.00
蓝田昕	8500.00	480.00	200.00	20.00	1000.00	1700.00	2000.00	0.00	1700.00	6800.00
合计	66700.00	3360.00	1400.00	140.00	7000.00	11900.00	15000.00	180.00	12080.00	54620.00

图 4-2-23　判断票据类型（工资类票据）

（2）在【业务类型】下拉框中选择【工资】，根据 1 月员工工资明细表中"应付工资"合计金额填写应发工资，依次根据票据信息填写右侧列表中的代扣社保、代扣公积金、代扣个税，系统自动计算出实发工资，如图 4-2-24 所示。最后，单击【保存】按钮，即完成工资类票据录入工作。

图 4-2-24　填写金额（工资类票据）

（八）成本类票据

根据系统要求，录入成本类票据时，必须录入票据类型、业务类型和成本金额。

（1）刘芳执行【成本类票据录入】命令，打开智能凭证登录界面，根据单据名称"成本计算表"判断该票据为成本类票据，如图 4-2-25 所示。

图 4-2-25　判断票据类型（成本类票据）

（2）在【业务类型】下拉框中选择【库存商品结转】，如图 4-2-26 所示。根据成本计算表中本期领用金额，填写成本金额，如图 4-2-27 所示。最后，单击【保存】按钮，即可完成成本类票据录入工作。

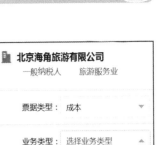

13	成本计算表							
	2023年01月22日 金额单位: 元							
产品名称	期初结存		本期购入		本期领用		期末结存	
	数量	金额	数量	金额	数量	金额	数量	金额
丝巾			40	20000	40	20000		
合计	—	—		20000		20000		
编制: 何虹森						审核: 方超莲		

图 4-2-26 选择业务类型（成本类票据）

13	成本计算表							
	2023年01月22日 金额单位: 元							
产品名称	期初结存		本期购入		本期领用		期末结存	
	数量	金额	数量	金额	数量	金额	数量	金额
丝巾			40	20000	40	20000		
合计	—	—		20000		20000		
编制: 何虹森						审核: 方超莲		

图 4-2-27 填写成本金额（成本类票据）

（九）其他类票据

当将存货盘亏盘盈、研发支出、计提并缴纳附加税、票据贴现、分配职工教育经费、计提借款利息、出租或出售固定资产、计提并缴纳个税、计提并缴纳所得税、捐赠支出、结转未交增值税等业务的票据录入系统时，票据类型全部选择【其他】。其他类票据对应的会计分录见表4-2-1。

表 4-2-1 其他类票据对应的会计分录

业务类型	会计分录
存货盘亏、盘盈	1. 盘盈（实存数≥账存数） 借：原材料（库存商品） 　贷：待处理财产损溢——待处理流动资产损溢

业务类型	会计分录
存货盘亏、盘盈	批准处理时 借：待处理财产损溢——待处理流动资产损溢 　　　贷：管理费用 2. 盘亏（实存数<账存数） 借：待处理财产损溢——待处理流动资产损溢 　　　贷：原材料（库存商品） 批准处理时 借：管理费用（一般损失） 　　其他应收款（保管人员赔偿部分） 　　营业外支出（自然灾害、非正常损失） 　　　贷：待处理财产损溢——待处理流动资产损溢
研发支出	1. 资本化支出 （1）发生支出 借：研发支出——资本化支出 　　　贷：原材料/银行存款/应付职工薪酬 （2）达到预定用途时结转 借：无形资产 　　　贷：研发支出——资本化支出 2. 费用化支出 （1）发生支出 借：研发支出——费用化支出 　　　贷：原材料/银行存款/应付职工薪酬 （2）每期期末结转 借：管理费用 　　　贷：研发支出——费用化支出
计提并缴纳附加税	1. 计提时 借：税金及附加 　　　贷：应交税费——应交城市维护建设税 　　　　　　　　——应交教育费附加 　　　　　　　　——应交地方教育附加

续表

业务类型	会计分录
计提并缴纳附加税	2. 实际缴纳时 借：应交税费——应交城市维护建设税 　　　　　　——应交教育费附加 　　　　　　——应交地方教育附加 　　贷：银行存款 3. 期末结转到本年利润 借：本年利润 　　贷：税金及附加
票据贴现	1. 贴现时 借：银行存款 　　财务费用——利息 　　贷：短期借款 2. 票据到期，当出票人向银行兑付票据和利息时 借：短期借款 　　贷：应收票据
分配职工教育经费	1. 计提时 借：管理费用——职工教育经费 　　销售费用——职工教育经费 　　生产成本（制造费用）——职工教育经费 　　研发支出——职工教育经费 　　贷：应付职工薪酬——职工教育经费（支出多少计 　　　　提多少） 2. 支出时 借：应付职工薪酬——职工教育经费 　　应交税费——应交增值税（进项税额） 　　贷：银行存款/现金/其他应收款（备用金）等 注：一般纳税人支出职工教育经费时，取得增值税专用 发票可按规定抵扣进项税额
计提借款利息	1. 当企业发生借款时，根据借款协议，本期应确认但 未支付的利息费用，需要计提费用，做以下会计分录 借：财务费用——借款利息 　　贷：应付利息

续表

业务类型	会计分录
计提借款利息	2. 当企业实际支付利息时，如果实际支付额大于等于账面计提额，应做以下会计分录 借：财务费用——借款利息（少计提的部分） 　　应付利息 　　贷：银行存款 3. 当企业实际支付利息时，如果实际支付额小于账面计提额，应做以下会计分录 借：应付利息 　　贷：银行存款 　　　　财务费用——借款利息（冲销多计提的部分）
出租或出售固定资产	1. 出租固定资产一般是指经营性租赁业务，是让渡资产的使用权 （1）出租固定资产，收取租金时 借：银行存款 　　贷：其他业务收入 （2）计提固定资产折旧时 借：其他业务成本 　　贷：累计折旧 2. 出售固定资产 （1）将固定资产的净值转入"固定资产清理"账户 借：固定资产清理 　　累计折旧 　　固定资产减值准备 　　贷：固定资产 （2）发生清理费用 借：固定资产清理 　　应交税费——应交增值税（进项税额） 　　贷：银行存款或库存现金 （3）取得变价收入 借：银行存款或库存现金 　　贷：固定资产清理

业务类型	会计分录
出租或出售固定资产	（4）结转净损益 借：营业外支出——非流动资产处置净损失 　　贷：固定资产清理 借：固定资产清理 　　贷：营业外收入——非流动资产处置净收益
计提并缴纳个税	1．计提时 借：应付职工薪酬 　　贷：应交税费——应交个人所得税 2．缴纳时 借：应交税费——应交个人所得税 　　贷：银行存款
计提并缴纳所得税	1．计提时 借：所得税费用 　　贷：应交税费——应交所得税 2．缴纳时 借：应交税费——应交所得税 　　贷：银行存款 3．结转时 借：本年利润 　　贷：所得税费用
捐赠支出	1．发生时 借：营业外支出 　　贷：库存商品 　　　　应交税费——应交增值税（销项税额） 2．期末 借：本年利润 　　贷：营业外支出
结转未交增值税	1．一个月终了，企业计算出当月应交未交的增值税 借：应交税费——应交增值税（转出未交增值税） 　　贷：应交税费——未交增值税

续表

业务类型	会计分录
结转未交增值税	2. 下期缴纳时 借：应交税费——未交增值税 　　贷：银行存款 3. 一个月终了，企业计算出当月多交的增值税 借：应交税费——未交增值税 　　贷：应交税费——应交增值税（转出多交增值税）

项目总结

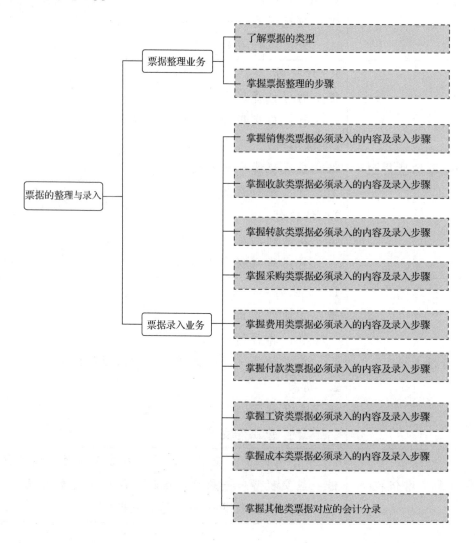

同步练习

一、单选题

1. 下列属于销售类票据的是（　　　）。

　　A. 定额发票

　　B. 入库单

　　C. 增值税专用发票（记账联）

　　D. 支票

2. 下列属于采购类票据的是（　　　）。

　　A. 定额发票

　　B. 增值税专用发票（发票联）

　　C. 出库单

　　D. 支票

3. 以下任务流程正确的是（　　　）。

　　A. 整理票据—签收票据—生成并采集票据电子影像—识别校验票据—审核票据

　　B. 签收票据—生成并采集票据电子影像—整理票据—识别校验票据—审核票据

　　C. 签收票据—识别校验票据—生成并采集票据电子影像—整理票据—审核票据

　　D. 签收票据—整理票据—生成并采集票据电子影像—识别校验票据—审核票据

4. 下列发票上的"税额"可以做进项税额抵扣的是（　　　）。

　　A. 增值税普通发票

　　B. 住宿费发票

　　C. 停车费发票

　　D. 增值税专用发票

5. 票据贴现时，贴现息应计入（　　　）会计科目。

　　A. "管理费用"

　　B. "财务费用"

　　C. "销售费用"

　　D. "营业外支出"

二、多选题

1. 销售类票据主要有（ 　　 ）。
   A. 增值税专用发票 　　　　 B. 增值税普通发票
   C. 税务代开发票 　　　　　 D. 通用机打发票

2. 常见的采购类票据包括（ 　　 ）。
   A. 增值税专用发票 　　　　 B. 增值税普通发票
   C. 采购合同 　　　　　　　 D. 入库单

3. 实务工作中，费用报销业务涉及的原始单据可能有（ 　　 ）。
   A. 差旅费报销单
   B. 费用报销单
   C. 增值税普通发票（发票联）
   D. 定额发票

4. 出售固定资产涉及的会计科目有（ 　　 ）。
   A. "固定资产清理" 　　　　 B. "固定资产减值准备"
   C. "累计折旧" 　　　　　　 D. "固定资产"

5. 下列哪些支出所开具的发票属于费用类票据？（ 　　 ）
   A. 办公用品 　　　　　　　 B. 服务费
   C. 水电费 　　　　　　　　 D. 物业管理费

三、判断题

1. 根据增值税税率整理发票，税率相同的发票可放一起。（ 　　 ）
2. 银行结算是指通过银行账户资金的转移实现收付的行为。（ 　　 ）
3. 企业对自行研发的无形资产发生的研发支出，在平时核算中记入"研发支出——费用化支出"科目。（ 　　 ）
4. 出租固定资产取得的租金收入一般计入主营业务收入。（ 　　 ）
5. 捐赠支出在核算中一般计入营业外支出。（ 　　 ）

📖 同步实训

2023年8月30日，北京环宇有限公司月末结账，出纳需要对本月公司所有票据根据企业发生的业务类型、业务内容及票据名称进行整理，扫描入公司系统，并将系统中的票据按照销售类、收款类、转款类、采购类、费用类、付款类、工资类、成本类、其他类等9种类型进行录入。

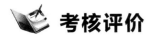 考核评价

采用自评、互评、师评相结合的方式，对学习成果、行为表现、技能应用进行评分。

考核项目	分值	考核方式（权重）			得分
		自评（20%）	互评（20%）	师评（60%）	
销售类票据整理与录入	10分				
收款类票据整理与录入	10分				
转款类票据整理与录入	10分				
采购类票据整理与录入	10分				
费用类票据整理与录入	10分				
付款类票据整理与录入	10分				
工资类票据整理与录入	10分				
成本类票据整理与录入	10分				
其他类票据整理与录入	5分				
沟通表达	5分				
6S管理意识	10分				
合计	100分				

项目五

票据扫描、智能识别与智能记账

 学习目标

知识目标

1. 理解财务机器人定义、应用场景、应用的优势与局限性。
2. 掌握票据扫描与智能识别的操作流程。
3. 理解财务共享服务中心概念、应用的优势与缺点。
4. 明确原始凭证与记账凭证的审核要点。
5. 掌握财务共享智能记账的操作流程。

技能目标

1. 能准确完成票据的扫描与智能识别。
2. 能准确完成财务共享智能记账。
3. 能生成正确的财务报表。

素养目标

1. 提高自主学习、交流与合作的通用能力。
2. 培养创新意识。
3. 提升爱岗敬业、求真务实等素养。

职场情境

为改进传统账务数据的取得和管理工作，提高票据录入效率和精准度，北京佳鱼旅游有限公司引入票据扫描与智能识别系统，使用财务机器人完成票据影像智能扫描与智能识别，使用财务共享服务中心完成智能记账工作。接下来，让我们与张华一起操作财务机器人，完成票据的扫描与智能识别，并通过财务共享系统完成智能记账吧！

◆ 出纳张华工号：0673。
◆ 出纳张华财务机器人登录账号：0673。密码：123456。
◆ 会计王立工号：0328。
◆ 会计王立财务共享平台登录账号：0328。密码：123456。

任务一 票据扫描与智能识别

一、任务情境

2023 年 3 月 31 日，张华按照公司财务规定，需要使用财务机器人，将本月所有票据扫描至平台，自动生成影像，并使系统自动识别票据信息，生成会计分录。

（1）订购飞机票，取得航空运输电子客票行程单，如图 5-1-1 所示。

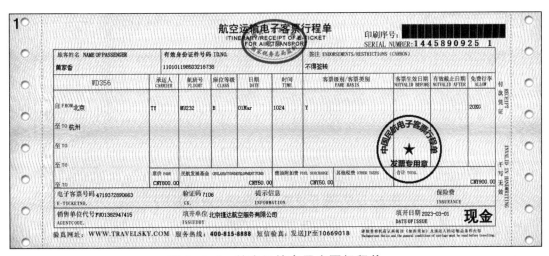

图 5-1-1 航空运输电子客票行程单

（2）购买牛肉干，取得电子发票（增值税专用发票），如图 5-1-2 所示。

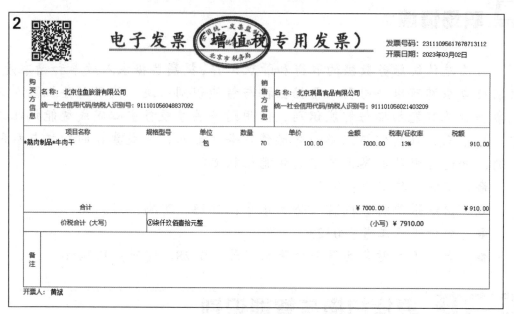

图 5-1-2 电子发票（增值税专用发票）1

（3）销售牛肉干，开具电子发票（增值税专用发票），如图 5-1-3 所示。

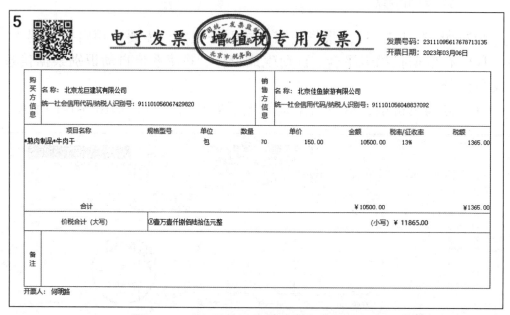

图 5-1-3 电子发票（增值税专用发票）2

（4）收取旅游服务费，开具电子发票（增值税专用发票），如图 5-1-4 所示。

3

电子发票（增值税专用发票）

（中国统一发票监制章 国家税务总局 北京市税务局）

发票号码：23111095617678713128
开票日期：2023年03月04日

购买方信息	名 称：北京创壳广告有限公司 统一社会信用代码/纳税人识别号：911101056062132553		销售方信息	名 称：北京佳鱼旅游有限公司 统一社会信用代码/纳税人识别号：911101056048837092				
项目名称	规格型号	单位	数量	单价	金额	税率/征收率	税额	
*旅游服务*旅游费		次	1	308000.00	308000.00	6%	18480.00	
合 计					￥308000.00		￥18480.00	
价税合计（大写）	⊗叁拾贰万陆仟肆佰捌拾元整				（小写）￥ 326480.00			
备注								

开票人：何明路

图 5-1-4　电子发票（增值税专用发票）3

（5）支付餐饮费，取得电子发票（普通发票），分别如图 5-1-5、图 5-1-6、图 5-1-7 所示。

4

电子发票（普通发票）

（中国统一发票监制章 国家税务总局 北京市税务局）

发票号码：23111095615325213003
开票日期：2023年03月05日

购买方信息	名 称：北京佳鱼旅游有限公司 统一社会信用代码/纳税人识别号：911101056048837092		销售方信息	名 称：北京正厅餐饮有限公司 统一社会信用代码/纳税人识别号：911101051302874736				
项目名称	规格型号	单位	数量	单价	金额	税率/征收率	税额	
*餐饮服务*餐费		次	1	1886.79	1886.79	6%	113.21	
合 计					￥1886.79		￥113.21	
价税合计（大写）	⊗贰仟元整				（小写）￥ 2000.00			
备注						现金		

开票人：唐旭

图 5-1-5　电子发票（普通发票）1

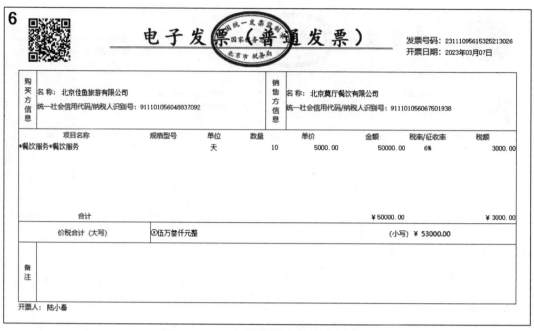

图 5-1-6 电子发票（普通发票）2

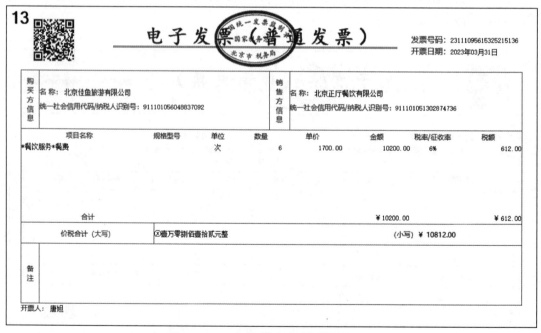

图 5-1-7 电子发票（普通发票）3

（6）缴纳税款，取得交通银行电子缴税付款凭证，如图 5-1-8 所示。

图 5-1-8 交通银行电子缴税付款凭证

（7）收到款项，取得交通银行电子回单凭证，如图 5-1-9、图 5-1-10 所示。

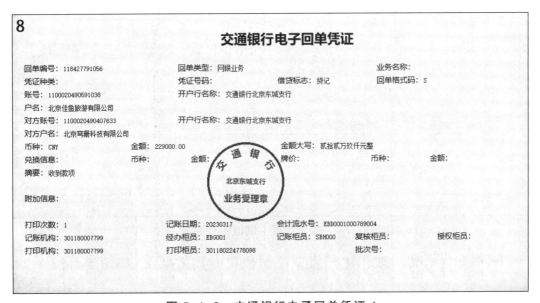

图 5-1-9 交通银行电子回单凭证 1

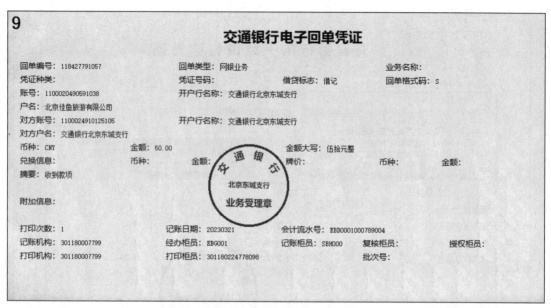

图 5-1-10　交通银行电子回单凭证 2

（8）支付电费，取得电子发票（增值税专用发票），如图 5-1-11 所示。

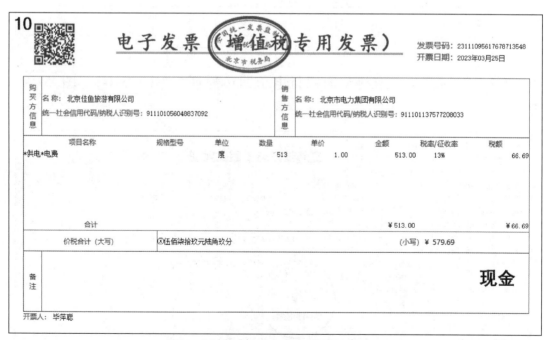

图 5-1-11　电子发票（增值税专用发票）4

（9）支付水费，取得电子发票（增值税专用发票），如图 5-1-12 所示。

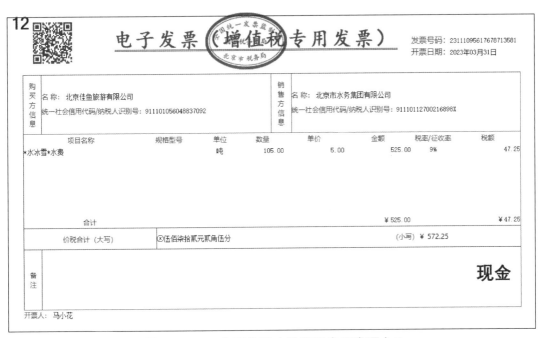

图 5-1-12 电子发票（增值税专用发票）5

（10）收取旅游团费，开具电子发票（增值税专用发票），如图 5-1-13 所示。

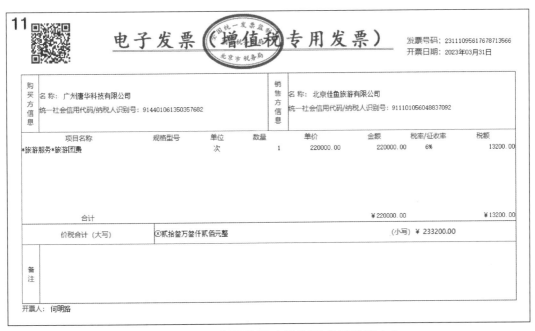

图 5-1-13 电子发票（增值税专用发票）6

（11）购买签字笔，取得电子发票（普通发票），如图 5-1-14 所示。

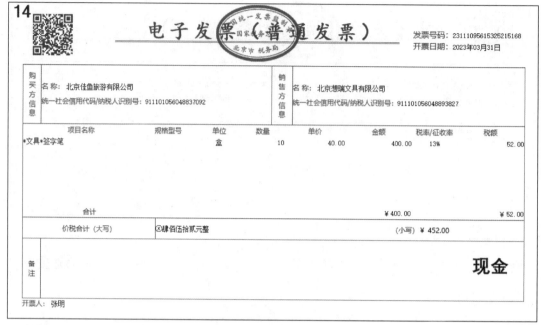

图 5-1-14　电子发票（普通发票）4

二、知识链接

（一）财务机器人的定义

财务机器人以机器人流程自动化（Robotic Process Automation，RPA）技术为主，能够针对财务的业务内容和流程特点，以自动化处理替代财务人工操作，辅助财务人工完成交易量大、重复性高、易于标准化的基础业务，从而优化财务流程，提高业务处理效率和质量。财务机器人实质是在企业信息系统基础上外挂的程序，属于"自动化"形式，并不是所谓的智能化。

（二）财务机器人应用场景

财务机器人适用于处理大量重复业务和具有明确规则的业务。

1. 财务自动化

（1）大量高度重复、简单、烦琐的工作可以通过财务机器人去完成。

（2）对有逻辑的工作内容，财务机器人先智能分析和学习各类业务的特征，待类似业务再发生时，自动触发业务模板生成各类结果。

（3）财务机器人可将现有的软件和现有的 IT（信息技术）系统进行整

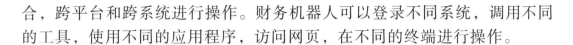

合，跨平台和跨系统进行操作。财务机器人可以登录不同系统，调用不同的工具，使用不同的应用程序，访问网页，在不同的终端进行操作。

2. 账单处理自动化

日常收付款业务交易量比较大，笔数比较多时，手动下载银行对账单并进行人工对账，效率会比较低，并且准确率也不高。

而对账机器人能够按照规则自动从银行下载交易明细并自动与企业信息系统中的收款单、付款单核对，大大降低了对账出错率，提升了工作效率。

3. 税务自动化

税务机器人可以进行销项发票的一键开票、进项发票智能识别与处理、专票签收与在线认证、税务智能申报等。

4. 报表统计自动化

报表机器人可根据系统设置的报表编报方式，在固定的时点按设置要求自动批量编制报表、计算报表、上报报表和汇总报表，帮助企业财务人员提高信息报送的效率，提升信息报送的质量。从而在保证合规的同时，大幅提高企业的整理风险管控工作效率及管理能力。

5. 发票查验自动化

通过财务机器人自主登录全国增值税发票查验平台，轮番查询增值税发票，自动判断发票真伪，节省了人力以及时间，极大地提高了业务部门的办事效率。

6. 月结自动化

企业财务人员可在财务机器人月结工作台内定义月结任务并设定月结规则。财务机器人执行月结任务，随后进行月结检查，自动生成月结报告并发送到对应岗位。

7. 审单自动化

报销单提交后，财务机器人可根据单据类型自动提取检查方案，并根据检查方案比对相应的检查项。

（三）财务机器人应用的优势与局限性

1. 财务机器人应用的优势

（1）效率提升。财务机器人能够全天候不间断地工作，工作容忍度高，峰值处理能力强，整体操作都根据固定规则执行，不受人为因素的干扰。在信息系统升级的过程中，人工操作中，操作人员需要花费时间消除旧习惯去适应新的系统，但财务机器人作为虚拟劳动力，只需要重新修改程序即可，减少了系统升级过程中的消耗成本。财务机器人完成流程的速度明显快于人类。根据机器人流程自动化学会的数据，财务机器人昼夜不停地工作，通常可以承担2～5人的工作量。

（2）质量保障。在传统的财务模式下，人工操作容易导致较高的出错率，而财务机器人操作的正确率接近100%，极大地保障了财务工作质量。再者，财务机器人的运作基于规则化的流程和任务，这在一定程度上消除了输出的不一致性。明确的规则也使操作无差别化，避免了人为主观因素的干扰。此外，自动化处理的每一步操作都具有可追溯性，这使得系统错误可以被精准地发现，问题将更容易被解决。

（3）成本节约。在传统财务模式下，对大量简单重复的工作企业往往需要投入较多的人力资源去处理，人力资源占用需要付出薪酬、福利、津贴等成本，而财务机器人上线后，企业将大幅度减少此类人力成本的投入。根据机器人流程自动化学会的数据，财务机器人可以为企业节约25%～50%的成本。创建和维护财务机器人的平均成本仅为承担相同工作的全职员工的三分之一。

（4）价值增值。在传统财务模式下，财务部门会投入一半以上的精力用于基础交易的处理，但是基础交易处理工作却不能为企业带来更多的价值增值。财务机器人的应用能够改变传统财务部门的人员结构，释放大量的基础交易处理人员转型去做高附加值的财务工作，财务人员积极性能被有效调动，实现财务对业务的有力支撑以及财务部门的价值增值。

2. 财务机器人应用的局限性

（1）无法处理异常事件。由于财务机器人是基于固定规则进行操作的，当业务场景发生较大变化时，财务机器人无法判断与规则不符的情况，无法处理异常事件，所以需要配备专门的人员监督财务机器人运行的过程，

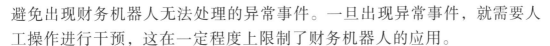

避免出现财务机器人无法处理的异常事件。一旦出现异常事件，就需要人工操作进行干预，这在一定程度上限制了财务机器人的应用。

（2）运营保障要求高。虽然财务机器人处于 ERP（企业资源计划）、CRM（客户关系管理）等软件之上的更高软件层，不改变企业原有信息系统，但是其有效运营对系统平台的稳定性有一定要求。当企业软件升级或切换系统平台时，财务机器人可能无法正常运作或迅速恢复运作，需要投入一定的时间成本和开发成本对其进行重新部署和优化。同时，财务机器人的日常运营维护需要企业财务人员对计算机知识有一定了解，对财务人员素质提出了更高的要求。

（3）需要跟踪优化机制。流程固定、规则明确，为财务机器人的应用提供了可能性。但企业的流程不是一成不变的，当企业进行业务流程优化时，就要对财务机器人重新进行部署和设计。为了保障财务机器人正常、有序地运行，快速、高质量地响应业务需求变化，企业需要针对财务机器人设计完整、详细的跟踪优化机制。

三、任务实施

（1）出纳张华登录一体机平台，单击【财务共享机器人】按钮，找到票据对应的企业名称，单击【上传影像】按钮，如图 5-1-15 所示。

操作视频

图 5-1-15　单击【上传影像】按钮

（2）确保灯光明亮，如图 5-1-16 所示。将票据放置到一体机操作台，依次单击【拍照】和【添加】按钮，如图 5-1-17 所示，将当月所有票据扫描至平台。然后依次单击【下一步】—【识别内容】按钮，如图 5-1-18、图 5-1-19 所示。系统会自动识别票据信息，并生成会计分录。

图 5-1-16　确保灯光明亮

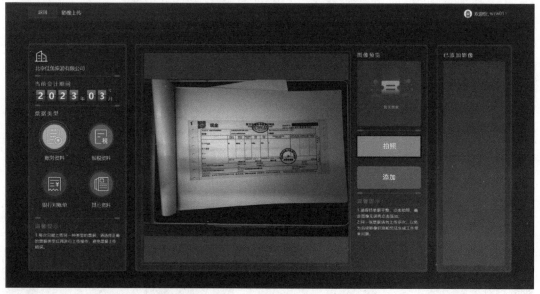

图 5-1-17　单击【拍照】按钮

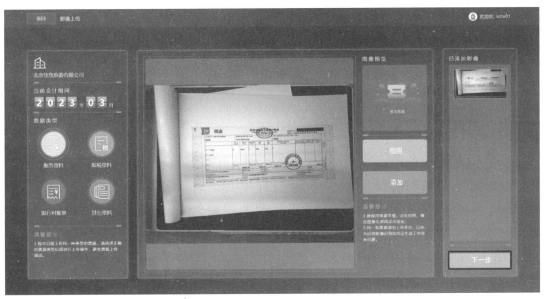

图 5-1-18　单击【下一步】按钮

图 5-1-19　单击【识别内容】按钮

任务二　财务共享智能记账

一、任务情境

王立在张华完成票据扫描与智能识别后，登录公司财务共享平台，根据智能识别的票据信息及会计分录完成并审核本月的所有账务，生成资产负债表和利润表。

👤 二、知识链接

（一）财务共享服务中心

财务共享服务中心（Financial Shared Service Center，FSSC）是近年来出现并流行起来的会计和报告业务管理模式。作为一种新型的管理模式，共享服务的本质是由信息网络技术推动的运营管理模式的变革与创新。在财务领域，共享服务是基于统一的系统平台、ERP 系统、会计核算方法、操作流程等来实现的。财务共享服务中心应用的优势如下。

与普通的企业财务管理模式相比，财务共享服务中心的优势在于其能让企业在规模效应下运作成本降低、财务管理水平及效率提高，以及核心竞争力上升。具体表现如下。

① 运作成本降低。这可进行量化与比较，如可以分析一个财务共享服务中心的人员每月平均处理凭证数、单位凭证的处理费用等。这方面的效益主要通过减少人员数量和减少中间管理层级来实现。如果财务共享服务中心建立在一个新的地点，通常成本降低效果更显著，原因是：通常选择的新地点的薪资水平会较低；通过在财务共享服务中心建立新型的组织结构和制定合理的激励制度，能显著地提高员工的工作效率，并形成不断进取的文化。

② 财务管理水平及效率提高。比如，财务共享服务中心可对所有子公司采用相同的标准作业流程，废除冗余的步骤和流程；财务共享服务中心拥有相关子公司的所有财务数据，数据汇总、分析不再费时费力，更容易做到跨地域、跨部门整合数据；财务共享服务中心某一方面的专业人员相对集中，公司较易提供相关培训，培训费用也大为节省，招聘资深专业人员的成本也变得可以承受；财务共享服务中心人员的专业技能水平较高，提供的服务更专业。此外，财务共享服务中心的模式也使得 IT 系统（硬件和软件）的标准化和更新变得更迅速、更经济。

③ 支持企业集团的发展战略。公司在新的地区建立子公司或收购其他公司，财务共享服务中心能马上为这些新建的子公司提供服务。同时，公司管理人员可将精力集中在公司的核心业务，而将其他业务通过财务共享服务中心提供的服务完成，从而使更多财务人员从会计核算中解脱出来，

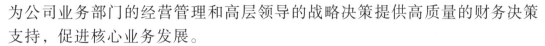

为公司业务部门的经营管理和高层领导的战略决策提供高质量的财务决策支持，促进核心业务发展。

④ 向外界提供商业化服务。有些公司开始利用财务共享服务中心（一般为独立的子公司）向其他公司提供有偿服务。例如，荷兰皇家壳牌石油公司建立的壳牌石油国际服务公司每年8%～9%的收入来自向外界提供服务。

（二）凭证审核要点

1. 原始凭证审核要点

（1）审核原始凭证的真实性：日期是否真实、业务内容是否真实、数据是否真实等。

（2）审核原始凭证的合法性：经济业务是否符合国家有关政策、法规、制度的规定，是否有违法乱纪等行为。

（3）审核原始凭证的合理性：原始凭证所记录经济业务是否符合企业生产经营活动的需要、是否符合有关的计划和预算等。

（4）审核原始凭证的完整性：原始凭证的内容是否齐全，包括有无漏记项目、日期是否完整、有关签章是否齐全等。

（5）审核原始凭证的正确性：数字是否清晰，文字是否工整，书写是否规范，凭证联次是否正确，有无刮擦、涂改和挖补，等等。

2. 记账凭证审核要点

（1）审查记账凭证的基本要素是否完整，有无缺少或空白，主要是看填制日期、编号、业务内容摘要、附原始凭证张数、会计科目及其借贷方向，以及填制、出纳、复核及会计主管人员的签章等是否清晰、准确。

（2）审查科目的运用是否针对经济业务的性质和内容，是否符合有关会计准则和会计制度的规定，借贷方向是否正确。

（3）审查各级负责人和有关经办人的签章是否齐备，其会计责任是否明确，有无手续不清、责任不明的现象。

（4）复核记账凭证的单价、数量、明细金额、合计金额是否正确，有无多计、少计和误计。

（5）核对记账凭证与对应的账簿记录是否一致，有无出入或账证不符的情况。

（6）将记账凭证与所附的原始凭证核对，看数量、金额、摘要等是否一致，有无证证不符的现象。

（7）审查科目对应关系及借、贷金额是否相等，两类科目的金额是否平衡。

操作视频

👤 三、任务实施

（1）会计王立登录财务共享平台，单击【影像】按钮，如图 5-2-1 所示，可查看一体机扫描的票据，并查看获取的票据信息及会计分录。

图 5-2-1　单击【影像】按钮

（2）单击【查凭证】按钮，如图 5-2-2 所示，凭证核对无误后单击【审核】按钮完成凭证审核，如图 5-2-3 所示。

图 5-2-2　查凭证

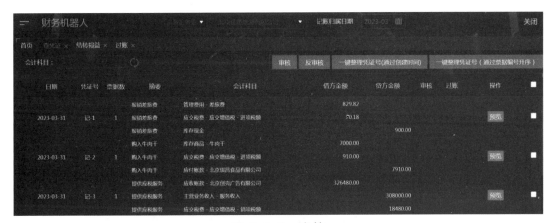

图 5-2-3 审核

（3）依次单击【账务处理】—【过账】—【过账】按钮完成过账，如图 5-2-4、图 5-2-5 所示。

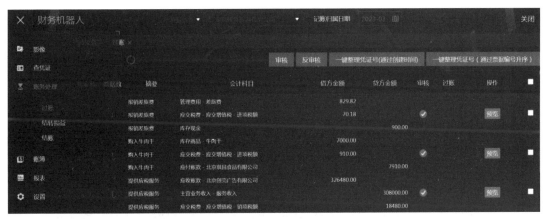

图 5-2-4 过账 1

图 5-2-5 过账 2

（4）依次单击【账务处理】—【结转损益】按钮完成结转损益，如图 5-2-6 所示。系统自动生成结转损益的会计分录，再次进行审核、过账操作。

图 5-2-6　结转损益

（5）依次单击【账务处理】—【结账】—【期末结账】按钮，如图 5-2-7、图 5-2-8 所示，完成当月账务处理工作。

图 5-2-7　结账

图 5-2-8　期末结账

（6）单击【报表】—【资产负债表】—【生成报表】按钮，如图 5-2-9、图 5-2-10 所示，系统自动生成资产负债表。类似操作生成利润表。

图 5-2-9　资产负债表

图 5-2-10　生成报表

项目总结

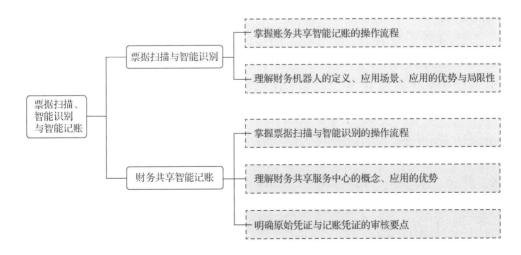

同步练习

一、单选题

1. 财务机器人以（　　　）处理代替财务人工操作。

    A. 智能化   B. 信息化   C. 自动化   D. 现代化

2. 财务机器人适用于处理大量重复业务和（　　　）。

    A. 没有明确规则的业务   B. 具有明确规则的业务

    C. 具有典型规则的业务   D. 具有特殊规则的业务

3. 税务机器人可以进行（　　　）的一键开票。

    A. 进项发票   B. 进项发票和销项发票

    C. 销项发票   D. 以上都不是

4. 报表机器人可根据系统设置的报表编报方式，在固定的时点按设置要求（　　　）批量编制报表、计算报表、上报报表和汇总报表。

    A. 自动   B. 手动

    C. 自动与手动相结合   D. 以上都不是

5. 根据机器人流程自动化学会的数据，机器人昼夜不停地工作，通常可以承担（　　　）的工作量。

        A. 1～3人   B. 2～5人   C. 3～6人   D. 4～7人

6. 在传统的财务模式下，人工操作容易导致较高的出错率，而财务机器人操作的正确率接近（　　　），极大地保障了财务工作质量。

    A. 80%   B. 90%   C. 95%   D. 100%

7. 根据机器人流程自动化学会的数据，财务机器人可以为企业节约（　　　）的成本。

    A. 15%～30%   B. 25%～50%

    C. 35%～60%   D. 45%～70%

8. 在传统财务模式下，财务部门会投入（　　　）以上的精力用于基础交易的处理。

    A. 三分之一   B. 四分之一

    C. 一半   D. 五分之一

9. 登录一体机平台，单击（　　　）按钮，可找到票据对应的企业名称。

    A.【财务共享机器人】   B.【上传影像】

    C.【拍照】   D.【识别内容】

10. 如果财务共享服务中心建立在一个新的地点，通常（　　）降低效果更显著。

  A. 利润   B. 成本   C. 费用   D. 以上都有

11. 公司在新的地区建立子公司或收购其他公司，财务共享服务中心能（　　）为这些新建的子公司提供服务。

  A. 随时   B. 紧接着   C. 过段时间 D. 马上

12. 有些公司开始利用财务共享服务中心（一般为独立的子公司）向其他公司提供（　　）服务。

  A. 无偿   B. 有偿   C. 无价   D. 有价

13. 将票据放置到一体机操作台，依次单击（　　）按钮，将当月所有票据扫描至平台。

  A. 【拍照】—【添加】   B. 【下一步】—【识别内容】

  C. 【上传】—【添加】   D. 【下一步】—【识别票据】

14. 登录财务共享平台，执行【智能记账】命令，单击（　　）按钮，可查看一体机扫描的票据，并查看获取的票据信息及会计分录。

  A. 【记账】 B. 【结账】 C. 【影像】 D. 【凭证审核】

15. 执行（　　）命令，依次单击【报表】—【资产负债表】—【生成报表】按钮，系统自动生成资产负债表。

  A. 【结转损益】   B. 【结账】

  C. 【过账】   D. 【生成报表】

二、多选题

1. 财务机器人辅助财务人员完成（　　）的基础业务。

  A. 交易量大   B. 重复性高

  C. 易于标准化   D. 交易量小

2. 财务机器人的应用场景包括（　　）。

  A. 财务自动化   B. 账单处理自动化

  C. 税务自动化   D. 报表统计自动化

3. 财务机器人应用的优势包括（　　）。

  A. 效率提升 B. 质量保障 C. 成本节约 D. 价值增值

4. 财务机器人应用的局限性包括（　　）。

  A. 无法处理异常事件   B. 运营保障要求高

  C. 运营保障要求低   D. 需要跟踪优化机制

5. 财务共享服务中心应用的优势包括（　　　）。

    A. 运作成本降低　　　　　　　　B. 财务管理水平与效率提高

    C. 支持企业集团的发展战略　　D. 向外界提供商业化服务

6. 原始凭证审核要点包括（　　　）。

    A. 审核原始凭证的真实性　　　B. 审核原始凭证的合法性

    C. 审核原始凭证的合理性　　　D. 审核原始凭证的完整性

7. 记账凭证审核要点包括（　　　）。

    A. 审查记账凭证的基本要素是否完整

    B. 审查科目的运用是否针对经济业务的性质和内容

    C. 审查各级负责人和有关经办人的签章是否齐备

    D. 核对记账凭证与对应的账簿记录是否一致

三、判断题

1. 财务机器人不适用于处理大量重复业务和具有明确规则的业务。（　　　）

2. 税务机器人可以进行销项发票的一键开票、进项发票智能识别与处理、专票签收与在线认证、税务智能申报等。（　　　）

3. 报销单提交后，机器人不能根据单据类型自动提取检查方案，并根据检查方案比对相应的检查项。（　　　）

4. 自动化处理的每一步操作不具有可追溯性，这使得系统错误不能被精准地发现，一旦出现问题，将无法解决。（　　　）

5. 流程固定、规则明确，为财务机器人的应用提供了可能性。（　　　）

6. 在财务领域，财务共享服务中心是基于统一的系统平台、ERP 系统、会计核算方法、操作流程等来实现的。（　　　）

7. 财务共享服务中心员工有可能沦为弱势群体，人员流动率大幅度提高。（　　　）

8. 审核原始凭证的合法性包括原始凭证的内容是否齐全，包括有无漏记项目、日期是否完整、有关签章是否齐全等。（　　　）

9. 审核原始凭证的合理性，包括经济业务是否符合国家有关政策、法规、制度的规定，是否有违法乱纪等行为。（　　　）

10. 记账凭证审核包括审查各级负责人和有关经办人的签章是否齐备，其会计责任是否明确，有无手续不清、责任不明的现象。（　　　）

同步实训

2023 年 8 月 31 日，北京环宇有限公司财务部门要进行月度结账，出纳与会计要按照财务机器人和财务共享平台操作规范，完成本月所有票据的扫描与智能识别并完成记账，生成资产负债表和利润表。

（1）北京环宇有限公司期初余额（单位：元）如实训图 5-1。

项目	1—7月借方累计发生额	1—7月贷方累计发生额	7月31日余额
库存现金	495 005.60	494 121.10	2 950.00
银行存款——公司基本户	3 125 700.50	2 998 435.56	196 805.50
银行存款——公司一般户	168 650.00	178 638.70	265.30
银行存款——保证金户	0.00	0.00	30 000.00

实训图 5-1 期初余额

（2）票据信息如下。

① 购买支票，取得中国工商银行业务收费凭证，如实训图 5-2 所示。

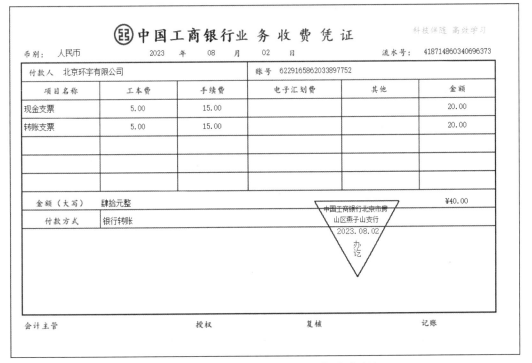

实训图 5-2 中国工商银行业务收费凭证

② 支付上月采购铝材的货款，取得付款申请书，如实训图 5-3 所示。

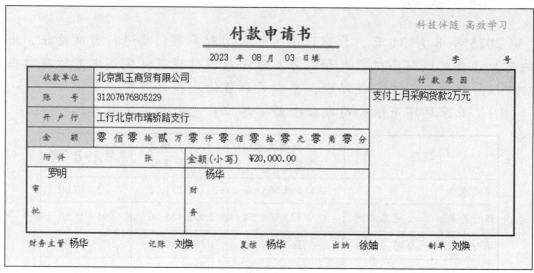

实训图 5-3　付款申请书

③ 支付差旅费，取得增值税普通发票，如实训图 5-4 所示。

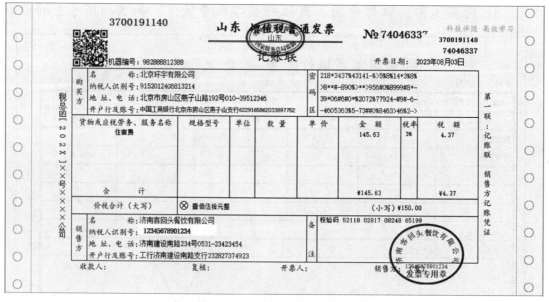

实训图 5-4　增值税普通发票

④ 缴纳社保，相关票据如实训图 5-5、实训图 5-6 所示。

⑤ 收到货款，相关票据分别如实训图 5-7 至实训图 5-10 所示。

（3）财务部门出纳和会计的相关信息如下。

◆　出纳李丽工号：0832。

◆　出纳李丽财务机器人登录账号：0832；密码：123456。

◆　会计孙兰工号：0833。

◆　会计孙兰财务共享平台登录账号：0833；密码：123456。

社会保险缴纳统计表

单位：元

项目	缴纳人数	缴纳基数	本月缴纳工资总基数	本月缴纳金额					
				公司承担		个人承担		合计
				比例	金额	比例	金额	
养老保险	21	3465.00	97020.00	18%	17463.60	8.0%	7761.60	25225.20
医疗保险	21	3465.00	97020.00	7%	6791.40	2.0%	1940.40	8731.80
失业保险	21	3465.00	97020.00	0.7%	679.28	0.3%	291.20	970.48
工伤保险	21	3465.00	97020.00	0.4%	388.08			388.08
生育保险	21	3465.00	97020.00	1%	970.20			970.20
合计					26292.56		9993.2	36285.76
制单：李丽		出纳：李丽		财务主管：张芳		总经理：吴宇		

实训图 5-5　社会保险缴纳统计表

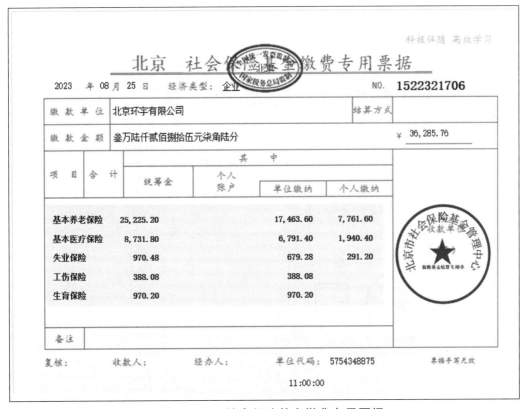

实训图 5-6　社会保险基金缴费专用票据

实训图 5-7　收款收据

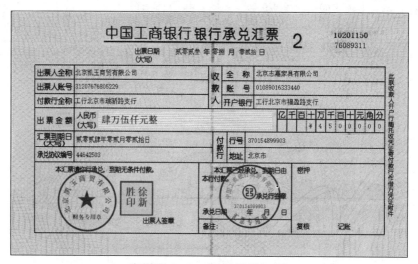

实训图 5-8　银行承兑汇票

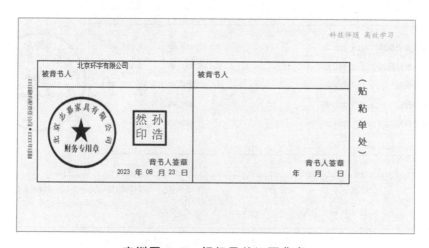

实训图 5-9　银行承兑汇票背书

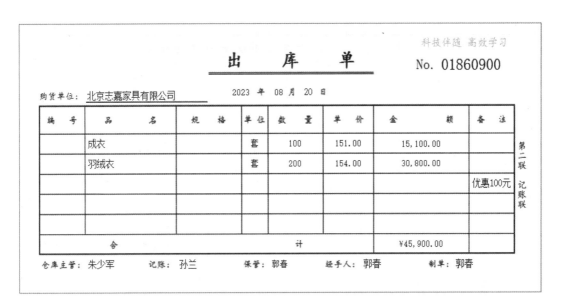

实训图 5-10 出库单

考核评价

采用自评、互评、师评相结合的方式，对学习成果、行为表现、技能应用进行评分。

考核项目	分值	考核方式（权重）			得分
		自评（20%）	互评（20%）	师评（60%）	
电子票据识别	10 分				
票据智能识别操作	10 分				
生成凭证	10 分				
过账	10 分				
结转损益	10 分				
结账	10 分				
生成资产负债表	10 分				
生成利润表	10 分				

续表

考核项目	分值	考核方式（权重）			得分
		自评 （20%）	互评 （20%）	师评 （60%）	
沟通表达	5分				
资料整理	5分				
6S 管理意识	10分				
合计	100分				